Finanzplanung von A bis Z

ECON Praxis

Alexander Natter

Finanzplanung von A bis Z

Vom richtigen Umgang mit dem eigenen Geld

ECON Taschenbuch Verlag

Die Deutsche Bibliothek - CIP-Einheitsaufnahme

Natter, Alexander:
Finanzplanung von A bis Z: Vom richtigen Umgang mit dem eigenen Geld / Alexander Natter. - Orig.-Ausg. - Düsseldorf; Wien: ECON-Taschenbuch-Verl., 1992
(ETB; 21159: ECON-Praxis)
ISBN 3-612-21159-5
NE: GT

Originalausgabe

Juni 1992
Umschlaggestaltung: Molesch/Niedertubbesing

Satz: Computersatz Bonn GmbH, Bonn
Druck und Bindearbeiten: Ebner Ulm
Printed in Germany
ISBN 3-612-21159-5

Dieses Buch widme ich
meinem Sohn Angelo

in Erinnerung an den
bisher glücklichsten
Augenblick meines Lebens,
den 05. August 1991, 12.33 Uhr

Inhaltsverzeichnis

Vorwort

Dieses Buch ist mit Sicherheit kein »hochwissenschaftlicher« Wälzer, für dessen genaues Verständnis man erst einige Semester Betriebs- oder Volkswirtschaft studieren muß. Es ist auch kein »Wunderbuch«, mit dem Sie »sicher in 30 Tagen Millionär« werden. Ebenfalls falsch liegen Sie, verehrte Leserin, verehrter Leser, wenn Sie glauben, dieses Werk befreie Sie innerhalb kürzester Zeit von Ihren Schulden. – Nein, dafür habe ich dieses Buch nicht geschrieben!

Ich habe es geschrieben, um Ihnen einen ständigen Ratgeber für die wichtigsten finanziellen Belange des täglichen Lebens an die Hand zu geben. Dieses Buch soll Sie davor bewahren, in finanziellen Dingen Schiffbruch zu erleiden. Gleichzeitig soll es Ihnen helfen, Finanzdienstleistungen zu einem sehr günstigen Preis-Leistungs-Verhältnis einzukaufen.

Gesunde Finanzen sind die wichtigste Voraussetzung sowohl eines Wirtschaftsunternehmens als auch eines privaten Haushaltes. Weder ein eindrucksvolles Einkommen noch besonders clevere Ideen sind die Grundvoraussetzungen für eine finanziell gesicherte Existenz. Was nützt das alles, wenn ein Haushalt seinen Zahlungsverpflichtungen einmal nicht mehr nachkommen kann?

Im Wirtschaftsleben wird von gesetzgeberischer Seite her ein Schlußstrich gezogen: Ist ein Wirtschaftsunternehmen

nicht mehr zahlungsfähig, droht Konkurs. In der Umgangssprache auch Pleite genannt. Für den Privathaushalt gibt es zwar keinen Konkurs laut Gesetz, in den finanziellen Ruin kann aber auch der Private abrutschen, und dann ist mit guten Ratschlägen nicht mehr geholfen. Finanzielle Probleme sind die Wurzeln vieler Übel; unzählige Familientragödien hatten ihre Ursache in finanziellen Problemen.
Warum lassen viele Bürger es überhaupt soweit kommen? Diese Frage ist für manchen von Ihnen sicher unbegreiflich, aber sie ist nur zu berechtigt, und es ließe sich stundenlang darüber diskutieren. Betrachtet man solche Fälle jedoch genauer, so kommt man immer wieder zur gleichen Einsicht: In den meisten Fällen gehen die Betroffenen nicht sorgfältig und richtig mit ihrem Geld um. Unsere schnellebige und konsumorientierte Zeit, die immer größere Neigung zur bargeldlosen Zahlungsweise, die äußerst verlockenden Ratenkauf-, Leasing- und Finanzierungsangebote von Versandhäusern und Banken und auch das ständig wachsende Geltungsbedürfnis vieler Menschen mögen ein weitreichender Grund dafür sein. Ein anderer ist aber sicherlich auch der, daß sich immer weniger Menschen die Mühe machen, maßvoll mit ihrem Geld umzugehen, und vor allem zu bequem sind, ihr Wissen der Zeit anzupassen.
Für ein Wirtschaftsunternehmen ist es ein unbedingtes Muß, mit seinem Finanzhaushalt äußerst penibel und sorgsam umzugehen, die Einnahmen und Ausgaben sehr sorgfältig zu planen, so daß jederzeitig Liquidität sichergestellt ist. Um die Ausgaben möglichst gering zu halten, praktizieren modern geführte Unternehmen ein regelrechtes Kostenmanagement, um so ein bestmögliches Preis-Leistungs-Verhältnis zu erzielen.
Für den privaten Haushalt sollte eine solche Finanzplanung ebenso ein unabdingbares Muß sein!
Und genau deshalb ist dieses Buch entstanden. Es soll dem

Leser ein ständiger Ratgeber und Begleiter sein, um sich in den finanziellen Belangen des Lebens besser zurechtzufinden. Es soll zeigen, wie auch der Laie sicher durch den Irrgarten der Finanzangebote gelangen kann, wenn er sich nur ein bißchen Mühe gibt und nach den Ratschlägen dieses Buches handelt. Dieses Buch wurde von einem Praktiker für die Praxis geschrieben!

Alexander Natter

1. Geld spielt eine Rolle

»Money makes the world go around« – »Money, money, must be funny, in the rich man's world« – diese Verse kennen Sie sicher. Das Wichtigste auf dieser Welt ist Geld. Ich meine diesen Satz ganz und gar nicht zynisch und schon gar nicht persönlich. Natürlich wünsche ich Ihnen persönlich in allererster Linie Glück und Gesundheit. Aber Hand aufs Herz: Dieses abstrakte Zeug namens Geld ist bei uns zivilisierten Menschen aus dem täglichen Leben nicht mehr wegzudenken. Geld allein macht zwar noch lange nicht glücklich, aber es beruhigt ungemein. Und wenn ich Ihnen von ganzem Herzen immer eine Mark mehr wünsche, als Sie ausgeben, dann wünsche ich Ihnen indirekt, daß Sie selbst die Voraussetzungen für Ihr Glück schaffen können.

Merken Sie sich bitte einen Grundsatz, und vergessen Sie ihn nie: *In unserer heutigen Zeit ist es nicht genug, Geld zu haben – vielmehr muß man richtig damit umgehen können.* Ich kenne sehr viele Leute – sogar in meinem familiären Umfeld –, die in den Aufschwungjahren unserer Konjunktur ohne viel Mühe zu einem ansehnlichen Vermögen gekommen sind. Aber sie konnten noch lange nicht damit umgehen, und heute, wo Wissen und Finanzmanagement gefragter sind denn je, gehören diese Neureichen zu denjenigen, die notgedrungen jede Mark zweimal umdrehen müssen, bevor sie sie ausgeben können. Andererseits kenne ich auch Leute, die mit ihrem »mittelmäßigen« Einkommen stets in finanzieller Unabhängigkeit leben und sich ihren Möglichkeiten entsprechend alles leisten können. Auch wenn solche Menschen von den angesprochenen Neureichen wegen ihres geringeren Vermögens als »Menschen zweiter Klasse« angesehen werden. Ich hoffe, Sie gehören nicht zu diesen Neureichen, die es wahrscheinlich nie verstehen werden, daß Wissen und Können heute viel mehr zählen als nur Besitzen. Damit Sie sich Wissen und Können aneignen, beginne ich mit Grundsätzlichem.

Die Rolle des Geldes in der Wirtschaft

Die Bedarfsdeckung des Menschen vollzog sich in alten Zeiten so, daß seine Bedürfnisse durch Wirtschaftsgüter befriedigt wurden, die er selbst herstellte. Der gelegentlich entstandene Überschuß an solchen Sachgütern wurde zum Tausch gegen fehlende oder knappe Wirtschaftsgüter benutzt. Erst als sich in späterer Zeit beim Naturaltausch die Unzulänglichkeit des einfachen Gütertausches herauskristallisierte (z. B. Fehlen geeigneter Tauschpartner, Unmöglichkeit der Teilung gewisser Güter usw.), entstand das Bedürfnis nach Tauschgegenständen, die man regelmäßig und unabhängig vom Bedarf des Tauschpartners im Tauschverkehr verwenden konnte. Diese Forderung erfüllt das Geld; denn es ist nicht nur ein Tauschmittel, sondern gleichzeitig auch Wertmesser, Zahlungsmittel und Wertaufbewahrungsmittel.
Im europäischen Kulturkreis gibt es eigentlich erst seit dem 7. Jahrhundert Geldmünzen. Vor und auch noch nach diesem Zeitpunkt dienten vor allem die Erzeugnisse der Hausindustrie, der Feldarbeit und der Jagd als Zahlungsmittel.
Im Land der Pharaonen wurden die eingeführten phönizischen Weine, Gewürze usw. mit Getreide bezahlt.

Bei den alten Römern und Germanen galt die Viehwährung, das Kuhgeld, als gebräuchliches Zahlungsmittel. Es wurde in Rom erst 430 v. Chr. durch das Kupfergeld abgelöst.
Das alte China, manche Gebiete in Südamerika und Äthiopien kannten das Salz als zusätzlichen Wertmesser.
Eine der ältesten, fast bei allen Völkern gleichermaßen geschätzten Währungen aber war das Schmuckgeld in Form von Ringen, Muschel- oder Metallketten, die um die Finger, Zehen, den Oberarm und die Füße getragen wurden.
Sogar heute noch wird in einem großen Teil Hochasiens und Tibets der Tee als wichtige Geldart benutzt.
Das Geld erfüllt folgende Funktionen:
Es wird als *Tauschmittel* zur Erleichterung des Güterumsatzes verwendet. An die Stelle des Naturaltausches tritt hier der Güteraustausch mit Hilfe des Geldes. Geld eignet sich somit in idealer Weise als allgemeines (Zwischen-) Tauschmittel, das den Verkäufer der Notwendigkeit enthebt, erst tauschwillige Partner zu suchen, andererseits aber dem Käufer die Möglichkeit gibt, jedes gewünschte Gut zu erstehen.
Es dient als *Zahlungsmittel* zur Tilgung von Schulden. Geld ist das vom Staat durch Gesetz anerkannte Zahlungsmittel, das im Zahlungsverkehr in Zahlung gegeben oder angenommen werden muß. Es ist das gesetzliche Zahlungsmittel innerhalb der Staatsgrenzen, wonach die Preise festgesetzt werden.
Bei der Wichtigkeit der Aufgaben, die dem Geld innerhalb einer Volkswirtschaft zufallen, muß das Geldwesen durch staatliche Eingriffe geordnet werden. Das Ergebnis dieser Regelung bezeichnet man als *Währung*. Sie wird nach dem Währungsgeld eines betreffenden Landes benannt (z. B. Deutsche Mark, Krone, Rubel, Lire etc.).
Zu unterscheiden sind die verschiedenen Arten des Geldes: *Metallgeld (Münzen)* gab es schon im Altertum. Münzfunde beweisen, daß etwa 600 v. Chr. in Kleinasien

bereits Münzen geprägt worden sind. Heute werden Münzen nur noch als Kleingeld benutzt, wie unsere 1-, 2-, 5-, 10- und 50-Pfennig-Stücke sowie Münzen für 1, 2, 5 und 10 Deutsche Mark. Bei diesen Scheidemünzen ist der auf der Münze aufgeprägte Wert, der Nennwert, natürlich größer als der Metallwert. Früher, als Gold- und Silbermünzen noch im Umlauf waren, entsprach der Nenn- oder Nominalwert der Münzen ihrem Metallwert. Solche Münzen heißen Kurantmünzen. Auf den Münzsammler, den Numismatiker, üben die Münzen aller Jahrhunderte eine sehr starke Anziehungskraft aus. Münzsammlungen sind meist wertvolle Kapitalanlagen. So wird beispielsweise die 5-DM-Gedenkmünze »Germanisches Museum«, die 1952 als Silbermünze an jedem Bankschalter käuflich zu erwerben war, heute für mehr als 1 500 DM gehandelt.
Papiergeld (Banknoten) entstand im Mittelalter. Das erste Papiergeld soll es 1000 Jahre v. Chr. in China gegeben haben. Ursprünglich waren Banknoten Hinterlegungsscheine für Gold und Silber. Die Banken lösten die Scheine jederzeit wieder gegen Edelmetalle ein. Eine solche Verpflichtung besteht für Banken heute jedoch nicht mehr. Papiergeld ist durch staatliche Verordnung gesetzliches Zahlungsmittel. In der Bundesrepublik Deutschland sind Banknoten im Wert von 5, 10, 20, 50, 100, 200, 500 und 1 000 Deutsche Mark im Umlauf.
Buch- oder Giralgeld ist das Geld unserer Zeit; es befindet sich als Guthaben oder in Form von Krediten auf Bankkonten. Durch Umbuchung vom Konto des Schuldners auf das Konto des Gläubigers wird bargeldlos gezahlt. Mit dem Geldwesen hängt der Begriff »Währung« sehr eng zusammen. In der Bundesrepublik ist das Geldwesen durch das Währungsgesetz, das Gesetz über die Deutsche Bundesbank und das Kreditwesengesetz geregelt. Zu den Guthaben gehören vor allem auch die *Sichteinlagen.* Sichteinlagen sind »bei Sicht«, d. h. ohne vorherige Kündigung, jederzeit verfügbar und beispielsweise in Noten oder

Münzen einzutauschen. Sichteinlagen sind auch die Grundlage des bargeldlosen Zahlungsverkehrs. Durch Schecks, Überweisungen und Lastschriften werden Guthaben auf Konten mit Sichteinlagen »bewegt«. Wenn von DM- oder Dollar-Währung gesprochen wird, bezieht sie sich auf die Rechen- oder Geldeinheit. Ist die Rede dagegen von Gold-, Silber- oder Papierwährung, bezieht sich der Währungsbegriff auf den Geldstoff.
So gesehen ist das Geld Zahlungs- oder Tauschmittel. Es besitzt Kaufkraft, denn man kann damit Güter kaufen. Das Geld hat aber noch eine andere Funktion: Man kann damit Preise ausdrücken; jeder kann sein Eigentum zusammenzählen, der Unternehmer kann seine Bilanz machen, und die Volkswirtschaftler das Sozialprodukt ermitteln, denn das Geld ist eine »Recheneinheit« für die wirtschaftlichen Werte. Das Geld ist auch Wertmesser. Geld dient darüber hinaus auch als Wertaufbewahrungsmittel. Geld kann nämlich gespart bzw. angelegt werden. Ebenso ist Geld ein Wertübertragungsmittel: Wenn beispielsweise eine Banknote verschenkt wird, so erhält der Beschenkte, bildlich gesehen, eine Kaufkraft in Höhe dieser Banknote geschenkt.

Die Grundsätze unseres Geld- und Wirtschaftssystems

In der Bundesrepublik Deutschland gilt die soziale Marktwirtschaft. Von der freien Marktwirtschaft, die beispielsweise in den USA praktiziert wird, unterscheidet sich unser System in folgenden wesentlichen Punkten: Artikel 20 unseres Grundgesetzes lautet: »Die Bundesrepublik Deutschland ist ein demokratischer und sozialer Bundesstaat.« Sozial bedeutet auch, daß der Staat eine soziale Verantwortung gegenüber dem »Schwachen« trägt. Der schrankenlose Gebrauch wirtschaftlicher Macht in der freien Marktwirtschaft führt zwangsläufig zur Ausnützung der wirtschaftlich Schwachen, insbesondere der Arbeitnehmer. Der Vater der sozialen Marktwirtschaft, der frühere Bundeskanzler Ludwig Erhard (1897–1977), prägte den Begriff der sozialen Marktwirtschaft, worunter er die Verbindung des Freiheitsprinzips auf dem Markt mit dem sozialen Ausgleich verstand. Dies entspricht auch der Zielsetzung des Grundgesetzes. Die wesentlichen Merkmale der sozialen Marktwirtschaft sind:

Privateigentum an Produktionsmitteln: Das Privateigentum, auch das an Produktionsmitteln, ist im Grundgesetz garantiert. Allerdings sind in der Bundesrepublik Deutschland der Staat und auch Verbände, z. B. Gewerkschaften, Eigentümer von Produktionsmitteln. Diese werden nach marktwirtschaftlichen Grundsätzen verwaltet und den Spielregeln des Wettbewerbs unterworfen.

Leistungswettbewerb: Auf den Märkten der Bundesrepublik Deutschland herrscht in gewissen Bereichen auch eine »unvollständige Konkurrenz«, da sie in diesen Fällen von »Alleinanbietern« beherrscht werden (z. B. Post). Die modernen Technologien ermöglichen es jedoch oft, ein Gut gegen ein anderes zu tauschen (substituieren), so daß auf vielen Teilmärkten Substitutionskonkurrenz herrscht.

Dezentrale Planung: Die am Wirtschaftsgeschehen beteiligten Unternehmen und Privathaushalte entscheiden und planen jeweils in eigener Verantwortung. Das einzelne Unternehmen plant seine Produktion aufgrund der Absatzerwartung. Es entscheidet, wie und zu welchem Preis die Ware dem Kunden angeboten wird. Die privaten Haushalte planen den Einsatz ihrer Produktionsfaktoren (Arbeit, Geldanlage) und entscheiden souverän über die Verwendung ihres Einkommens.

Marktpreisbildung: Zur Förderung des Wettbewerbs wurde bis auf wenige Ausnahmen, z. B. Druckerzeugnisse, die sogenannte Preisbindung der zweiten Hand aufgehoben.

Es sind lediglich empfohlene Verkaufspreise erlaubt. Dadurch wird der Wettbewerb natürlich ganz entscheidend gefördert, der aber im negativen Fall auch bis zur Verdrängung des wirtschaftlich Schwächeren vom Markt führen kann. Am Arbeitsmarkt sind durch tarifrechtliche Grenzen ruinösen Auswüchsen Grenzen gesetzt; so ist zum Beispiel ein Mindestlohn garantiert.
Tarifautonomie der Sozialpartner: Die Arbeitnehmerverbände (Gewerkschaften) und die Arbeitgeberverbände handeln Löhne und Arbeitsbedingungen im Rahmen ihrer Tarifhoheit aus. Zur Durchsetzung ihrer Ziele stehen als Kampfmaßnahmen Streiks und auf der anderen Seite Aussperrungen zur Verfügung.
Der Staat kann durch ein Bündel von Maßnahmen eingreifen, wenn zum Beispiel die freiheitliche Wirtschaftsordnung gefährdert erscheint oder wenn zum Schutze des einzelnen und des Gemeinwohls Maßnahmen notwendig werden. Man nennt solche Eingriffe »marktkonform«, wenn sie dem Marktablauf angepaßt werden, und »nicht marktkonform«, wenn sie dem Marktablauf nicht angepaßt werden. Durch solche Maßnahmen in Form von Gesetzen versucht der Staat mit in der Regel überwiegend nicht marktkonformen Maßnahmen, Auswüchse in der Wirtschaft zu vermeiden und seiner sozialen Verpflichtung gerecht zu werden.
Das *Gesetz gegen Wettbewerbsbeschränkungen (Kartellgesetz)* verbietet u. a. Machtmißbrauch durch wirtschaftliche Zusammenschlüsse.
Das *Gesetz gegen den unlauteren Wettbewerb* verbietet alle geschäftlichen Maßnahmen, die gegen die guten Sitten verstoßen und die den Wettbewerb gefährden können bzw. verfälschen.
Das *Gesetz zur Förderung der Stabilität und des Wachstums der Wirtschaft* fordert zur Erhaltung des gesamtwirtschaftlichen Gleichgewichts Maßnahmen, die zur Preisstabilität, Vollbeschäftigung, zum außenwirtschaftlichen

Gleichgewicht und zum angemessenen Wirtschaftswachstum beitragen. Ist eines dieser Ziele einmal gefährdet, so stellt die Bundesregierung Unterlagen für ein gemeinsames Vorgehen der Länder, Gewerkschaften und Unternehmensverbände zur Verfügung. Man spricht hier auch von der *konzertierten Aktion.*

Eine Reihe weiterer Gesetze schränkt die absolute wirtschaftliche Freiheit in der sozialen Marktwirtschaft ein, z. B. Betriebsverfassungsgesetz, Ladenschlußgesetz, Jugendarbeitsschutzgesetz, Mutterschutzgesetz etc.

Marktkonforme Maßnahmen, die der Staat ergreift, um wirtschaftliche Schwierigkeiten auszuräumen, wären zum Beispiel die Steuerung von Angebot und Nachfrage durch Einfuhren oder Einfuhrverbote. Diese Wirkung kann auch durch Senkung oder Erhöhung von Zöllen oder durch Einfuhrabgaben oder Exportprämien erreicht werden.

Bei lebenswichtigen Gütern, insbesondere bei Gütern des täglichen Bedarfs, werden bei Überangebot Waren vom Staat eingelagert und bei Bedarf wieder auf den Markt gebracht (z. B. die Butterberge oder Rindfleisch). Zu starker Preisverfall oder Preisauftrieb werden vermieden. Allerdings besteht die Gefahr, daß bei zum Teil garantierten Mindestpreisen der Produktionsanreiz so stark sein kann, daß die Bestände zweckentfremdet verwertet werden müssen (z. B. Butter zu Schmierfett oder Getreide zu Viehfutter. Es kann sogar zur Vernichtung von Vorräten kommen, z. B. Aprikosen oder Tomaten in Südfrankreich).

Um Problemen einzelner Wirtschaftszweige zu begegnen und grundsätzliche Aufgaben zu fördern, gibt der Staat Subventionen. Nach dem Bundeshaushalt sind dies zum Beispiel Finanzierungshilfen für die Werftindustrie, Zuschüsse zur Sicherung des Steinkohleeinsatzes in der Elektrizitätswirtschaft, Förderung des deutschen Messewesens im Ausland, Förderung der auf technisch-wirtschaftliche Zwecke ausgerichteten Forschung und Entwicklung, Ausgaben für Investitionen an Unternehmen des Steinkohle-

bergbaus, Förderung der technischen Entwicklung der EDV, Förderung der Luft- und Raumfahrttechnik u. a. m. Bei unrentabler Produktion gibt der Staat unter bestimmten Umständen auch Subventionen unter der Auflage der Produktionseinschränkung bzw. -stillegung. Außerdem übernimmt die Bundesrepublik Deutschland insbesondere bei Ausfuhrgeschäften und für die Finanzierung der Kapitalhilfe an Entwicklungsländer Bundesbürgschaften (die sog. Hermes-Bürgschaften) in Milliardenhöhe.
Auch steuerliche Anreize sind eine wichtige Maßnahme. So werden zum Beispiel Steuersenkungen vollzogen oder auch Steuervergünstigungen gewährt. Durch Prämien und Steuervorteile wird Kapital gebildet, das einerseits in den Konsum fließen kann und dadurch die Konjunktur belebt, andererseits aber auch zu Investitionen zur Verfügung steht. Der einzelne ist nicht mehr – wie in der freien Marktwirtschaft – schutzlos dem Marktmechanismus von Angebot und Nachfrage preisgegeben, sondern durch die Tarifautonomie der Sozialpartner und durch ein – im Vergleich zu anderen Ländern – hohes Maß an Sozialleistungen des Staates abgesichert. Diese staatlichen Sozialleistungen setzen ein, sobald eine Notlage gegeben ist, zum Beispiel

- Krankenversicherung im Krankheitsfall,
- Arbeitslosenversicherung bei Arbeitslosigkeit,
- Wohngeld bei Unterschreiten einer bestimmten Einkommenshöhe,
- Sozialhilfe bei entsprechender Bedürftigkeit,
- Sozialtarife (Bundesbahn etc.) für Schüler und Rentner.

Unserer freiheitlich-demokratischen Grundordnung entspricht es jedoch nicht, sich ganz allein auf den Staat zu verlassen, sondern jeder ist gehalten, durch eine eigene, individuelle Vorsorge zu seiner persönlichen Sicherheit selbst beizutragen. Die Sozialleistungen, Steuervergünstigungen und die Steuerprogression sind Ansatzpunkte für die besonders auch von den Gewerkschaften geforderte »Umverteilung des Einkommens«, um Ansammlung von Riesenvermögen zu vermeiden.

Der oberste Währungshüter in der Bundesrepublik Deutschland ist die Deutsche Bundesbank. Ihr allein obliegt die Verantwortung über die Geldwertstabilität unserer Währung. Durch verschiedene Instrumentarien nimmt die Bundesbank entscheidend Einfluß auf den Verlauf unserer Konjunkturzyklen bzw. auf die Stabilität der D-Mark. Steigt zum Beispiel das Geldumlaufvermögen auf den Kapitalmärkten, so droht ein Inflationsrisiko. Die Bundesbank erhöht sodann beispielsweise Lombard- und/oder Diskontsatz. Durch diese Maßnahme steigt das allgemeine Zinsniveau an, und das Geld wird teuer.

Auch die Deutsche Bundesbank wirkt durch ihre Geldpolitik auf die soziale Marktwirtschaft ein. Verschiedene Instrumente stehen ihr dafür zur Verfügung:

Die Mindestreservenpolitik: Die Deutsche Bundesbank verlangt von den Geschäftsbanken, zinslos ein Guthaben, die Mindesreserve, bei ihr zu unterhalten. Sie hat das Recht, die hierfür vorgesehenen Prozentsätze zu verändern. Werden die Mindestreservesätze erhöht, verringert sich die Zahlungsbereitschaft, das heißt die Liquidität der Geschäftsbanken und damit ihre Fähigkeit zur Buchgeldschöpfung. Eine Herabsetzung der Mindesreservesätze hingegen führt zu einer Stärkung ihrer Liquidität.

Die Offenmarktpolitik: Wenn die Bundesbank aus ihrem Besitz bestimmte Wertpapiere, z. B. Schuldverschreibungen des Bundes und der Länder, am offenen Markt verkauft, fließt der Erlös an die Bundesbank, wodurch die im Umlauf befindliche Geldmenge verringert wird. Kauft hingegen die Bundesbank solche Papiere, geht ihre Zahlung für den Kaufpreis voll an die Wirtschaft; dadurch wird der Geldumlauf erhöht.

Die Diskontpolitik: Dies ist die Veränderung des Diskontsatzes, auch Bankrate genannt, zu dem die Bundesbank Wechsel von den Geschäftsbanken ankauft oder, im Fachjargon, rediskontiert. Eine Erhöhrung der Bankrate verteuert den Rediskont, eine Herabsetzung verbilligt ihn. Da die Geschäftsbanken ihren Diskontsatz, zu dem sie Wechsel von der übrigen Wirtschaft ankaufen, den Veränderungen der Bankrate anpassen, wird durch die Diskontpolitik der Bundesbank letzten Endes auch der Diskontkredit der Geschäftsbanken verteuert oder verbilligt.
Ein sehr wichtiges Kriterium in unserem Wirtschaftssystem, der sozialen Marktwirtschaft, ist die Entstehung des Preises, die Preisbildung. Preise werden nicht etwa ins Blaue hinein vom Anbieter oder Abnehmer festgesetzt, sondern bilden sich am Markt. Ein Markt entsteht dann, wenn Anbieter, z. B. Warenhersteller, und Nachfrager miteinander Kontakt aufnehmen, um Waren oder Dienstleistungen zu tauschen, zu verkaufen und zu kaufen. Am Markt treffen Angebot und Nachfrage zusammen. Der Anbieter möchte natürlich so teuer wie möglich verkaufen, der Nachfrager möglichst billig einkaufen. Diese gegensätzlichen Interessen werden durch den Preis ausgeglichen, der sich am Markt bildet. Damit ist also der Markt der Ort der Preisbildung.

Die volkswirtschaftlichen Produktionsfaktoren

Eine Volkswirtschaft hat drei grundlegende Säulen, sprich Produktionsfaktoren, die miteinander kombiniert werden und somit zu einem Endprodukt werden, dem Bruttosozialprodukt. Diese Produktionsfaktoren gelten für die Gesamtwirtschaft eines Volkes. Es sind dies:
Der Boden: Er ist Träger der organischen Grundstoffe, auf

die letztlich alle Güter zurückgeführt werden können. Dies gilt auch für die Materialien, welche durch chemische Umwandlungsprozesse entstehen. Wind und Wasser können als Energiequelle genutzt werden; man denke nur an Mühlen oder Wasserkraftwerke. Die klimatischen Bedingungen wie Wärme und Feuchtigkeit beeinflussen nicht nur entscheidend den Erfolg in Land- und Forstwirtschaft, sondern sie wirken in erheblichem Maße auf die gesamte Wirtschaftsweise eines Volkes ein. Daher ist es kein Zufall, daß die größten wirtschaftlichen Fortschritte in den Ländern erzielt wurden, die in den gemäßigten Klimazonen liegen. Nur ein Drittel der Erdoberfläche ist festes Land, und selbst davon kann wiederum nur etwa ein Zehntel landwirtschaftlich genutzt werden. Die Vorräte der Erde an Erzen, Kohle und Erdöl sind auf viele Stellen verteilt; sie sind oft nur sehr schwer zugänglich, und es ist schon jetzt abzusehen, wann sie erschöpft sein werden. Der Reichtum der Natur ist also begrenzt.

Die Arbeit: Überdies fallen uns die Schätze dieser Erde nicht einfach in den Schoß. Sie müssen dem Boden mühselig abgerungen werden; vielfach müssen sie umgeformt und umgewandelt werden, um dorthin gebracht werden zu können, wo man sie gerade benötigt. Hierzu ist jeweils Arbeit erforderlich, und zwar körperliche wie geistige Arbeit. Wir sind es gewohnt, die Güter verbrauchs- oder gebrauchsfertig angeboten zu bekommen, so daß wir uns häufig keine Gedanken mehr darüber machen, welche Mühe und Überlegungen erforderlich sind, bis das einzelne Gut konsumreif ist.

Die Arbeit ist – ebenso wie der Boden – ein ursprünglicher und natürlicher Produktionsfaktor. Nicht alle Menschen sind fähig oder willig zu arbeiten. Alte und kranke Menschen können ebensowenig arbeiten wie Kinder und unzureichend ausgebildete Menschen. In Europa und Nordamerika arbeitet im Durchschnitt etwa die Hälfte der Bevölkerung. Die Zahl der Arbeitskräfte hängt vom

Altersaufbau, dem Gesundheitszustand und letztlich auch von dem Bildungsniveau der Bevölkerung ab. Aber selbst der arbeitsfähige und arbeitswillige Mensch kann nur eine begrenzte Zeit am Tag arbeiten. Wenn die Anstrengung zu groß wird oder die Arbeit zu eintönig ist, treten rasch Unlustgefühle auf; dies gilt selbstverständlich auch, wenn der Mensch seinen Aufgaben nicht gewachsen ist. Dem Produktionsfaktor Arbeit sind deshalb durch die Arbeitsfähigkeit und die Arbeitswilligkeit Grenzen gesetzt.

Das Kapital: Eine rein mengenmäßige Ausweitung des Produktionsfaktors Arbeit ist – zumindest in den hochentwickelten Volkswirtschaften – nur noch in bescheidenem Umfang möglich. Es kommt also für die wirtschaftliche Entwicklung entscheidend darauf an, die Effizienz der Arbeit zu steigern. Dies geschieht durch Werkzeuge, Maschinen und Vorrichtungen aller Art. Die Entwicklung dieser Hilfsmittel von den einfachen Geräten der Vergangenheit bis hin zu den komplizierten Apparaten und Automaten der Gegenwart bildet einen Teil der Kulturgeschichte der Menschheit. Diese Sachgüter sind nicht unmittelbar zum Konsum bestimmt; sie werden produziert, um die Produktion anderer Sachgüter zu ermöglichen und die Arbeit ergiebiger zu gestalten. Wir bezeichnen die produzierten Produktionsmittel, zu denen auch die Produktionsstätten, also die gewerblich genutzten Immobilien, und die bei der Sachgüterproduktion eingesetzten Stoffe gehören, in der Lehre unserer Volkswirtschaft als Kapital. Im Gegensatz zur menschlichen Arbeit und zum Boden ist das Kapital kein ursprünglicher, sondern ein abgeleiteter Produktionsfaktor; die Kapitalgüter werden vom Menschen geschaffen, um als Mittel bei der Produktion anderer Sachgüter eingesetzt zu werden. Der Bau von Werkstätten und die Herstellung von Werkzeugen, Maschinen usw. ist jedoch sehr zeitaufwendig und erfordert Material und Arbeitskraft, so daß auch die Produktion von Kapitalgütern nicht unbegrenzt möglich ist.

Das liebe Geld ist also ein sehr wichtiger Wirtschaftsfaktor, mit dem genauso penibel umgegangen werden muß wie mit allen anderen Wirtschafts- und Produktionsfaktoren. So müssen z. B. die arabischen Staaten mit diesem »Rohstoff« sehr sorgfältig umgehen, da er für sie ebenso wichtig ist wir ihr Öl. Das Öl ist natürlich für die Araber Einnahmequelle oder, wenn Sie so wollen, Wirtschaftsfaktor Nummer eins – auf den ersten Blick betrachtet. Öl allein jedoch macht keinen Araber glücklich, wenn er es nicht in Kapital umwandeln könnte. Der scheinbar unermeßliche Reichtum der Araber entsteht nur dadurch, daß das Öl in letztendlich werthaltiges Kapital verwandelt wird; nämlich dadurch, daß es an die westlichen Industriestaaten verkauft wird, wo es dringend als Rohstoff benötigt wird. Aber auch mit dem Gegenwert Kapital könnten die Araber wenig anfangen, würden sie es nicht sinnvoll und gezielt wiederum in den westlichen Industrienationen einsetzen. Ich persönlich bezeichne Geld immer gern als »Rohstoff«, und am Beispiel der Araber kann ich Ihnen, verehrte Leserin, verehrter Leser, meinen Standpunkt erläutern:
Wie gesagt, sind die arabischen Staaten von Natur aus mit dem Rohstoff Öl ausgestattet, das sie auf dem Weltmarkt teuer verkaufen können und auch müssen, denn es ist ihre einzige Einnahmequelle. Genau betrachtet, stellt das Geld nun auch einen Rohstoff dar, da er unmittelbar aus dem natürlichen Rohstoff Öl entsteht. Araber besitzen nun den Rohstoff Geld. Wie jeder andere Rohstoff muß auch das Geld »verarbeitet« werden, um größtmöglichen Nutzen daraus zu ziehen. Verarbeiten soll hier nicht nur mit Ausgeben gleichgesetzt werden, denn sonst wäre dieser Rohstoff irgendwann verbraucht. In unserem Wirtschaftssystem wird das Geld dazu verwendet, daß es sinnvoll zur Herstellung und zur Verteilung unserer industriellen Güter eingesetzt wird. Eine solche gut funktionierende Industrie haben die arabischen Staaten jedoch nicht, und so

müssen sie ihren Rohstoff Geld dort einsetzen, wo ordentlich damit gearbeitet werden kann – hier bei uns, in den westlichen Industrienationen. Dies erfolgt auf den verschiedensten Wegen; sei es in Form von Beteiligungen an westlichen Wirtschaftsunternehmen, in Form von Krediten an Unternehmen oder in Form von Investitionen in Grundbesitz etc. Die Erträge aus diesem Kapitaleinsatz fließen den geldgebenden Arabern wieder zu. Und dies ist letztendlich das, wovon sie leben können.

Am deutlichsten wird das Arbeiten mit dem Faktor Geld oder Kapital, wenn man einfach unsere Wirtschaft betrachtet. Ein Unternehmen (z. B. ein Automobilhersteller) benötigt zur Produktion Rohstoffe (Metalle usw.), Produktionsstätten (Fabrikhallen, Maschinen etc.) und natürlich Arbeitskräfte. Dies alles muß erworben und bezahlt werden. Dazu braucht dieses Unternehmen Geld! In unserer Marktwirtschaft lebt ein Unternehmen davon, daß es seine Produkte mit Gewinn verkauft.

Das Geld zur Herstellung seiner Produkte kann das Unternehmen entweder aus seiner eigenen Reserve nehmen (falls vorhanden), oder es leiht es sich und bezahlt dafür Zinsen, was natürlich viel häufiger vorkommt. Der Mitarbeiter des Unternehmens erhält für den Einsatz seiner Arbeitskraft eine Entlohnung. Durch die Entlohnung, sein Einkommen, besitzt dieser Mitarbeiter Kaufkraft in Form von Geld. Mit diesem Geld kann er zum Beispiel bei dem angesprochenen Automobilunternehmen ein Auto kaufen. Somit fließt dem Unternehmen das eingesetzte Kapital wieder zurück, und es kann seine Rohstoffe, seine Produktionsanlagen, seine Zinsen und seine Beschäftigten bezahlen. Es wird – so hoffe ich – deutlich, welch wichtigen Stellenwert das Kapital in unserer heutigen Zeit hat. Ich wage sogar zu behaupten: Das Geld ist der wichtigste Faktor schlechthin.

Denn ohne Geld läuft heutzutage nichts mehr. Dieser Bedeutung sollte sich jedermann klar sein, wenn er tagtäglich

mit diesem »abstrakten Zeug« umgeht, in dem er oftmals nur ein Mittel zum Zweck sieht, seinen täglichen Bedarf zu decken. Es gibt z. B. Länder oder Regionen, die sich aufgrund von Rohstoffmangel oder fehlender Industriewerte auf den Umgang mit Geld und das professionelle Management spezialisiert haben, etwa die Schweiz. Die Schweizer machen es seit Jahrzehnten erfolgreich vor, wie man Geld optimal verwaltet und richtig einsetzt.
Richtiger Umgang mit Geld heißt nicht nur, viel davon einzunehmen, sondern vielmehr es richtig einzusetzen. Das fängt bei der sorgfältigen Planung und Überwachung der Ausgaben an und endet noch nicht bei der optimalen Anlage der überschüssigen Mittel.

Kreditinstitute: Händler und Dienstleister in Sachen Geld

Banken und Sparkassen kennt jeder. Sie sind aus der heutigen Zeit nicht mehr wegzudenken. Bei allem Gerede über eine angeblich zu große Macht der Banken und Gerangel über Gebühren wird der eigentliche Sinn dieser Institutionen oftmals in den Hintergrund gedrängt, und sehr wenige sind sich deren Bedeutung für unser Wirtschaftssystem im klaren. Die Kreditinstitute sind kaufmännische Betriebe, die gewerbsmäßig den Umgang mit Geld praktizieren, nämlich den Zahlungsverkehr, den Kreditverkehr und den Kapitalverkehr. Mit der Übernahme der Zahlungsgeschäfte erleichtern, vereinfachen und ermöglichen diese Kreditinstitute den übrigen kaufmännischen Betrieben und den Privathaushalten die Abwicklung ihrer baren, halbbaren und bargeldlosen Zahlungen im nationalen und im internationalen Kapitalverkehr. Im Rahmen der Kreditgeschäfte sammeln die Kreditinstitute Gelder, die nicht verbraucht, also gespart werden, und leiten diese Gelder in

Form von Krediten und Darlehen (betriebliche Kredite, kurz-, mittel- und langfristige Darlehen, Hypothekenkredite, persönliche Verbraucherkredite u. a.) an Unternehmungen, Privathaushalte und öffentliche Körperschaften weiter. Sie handeln also mit Geld! Der Sparer bekommt für seine Einlage einen bestimmten Zinssatz gutgeschrieben, der Kreditsuchende muß für die Ausleihung Zinsen bezahlen. Die Differenz aus diesen beiden Zinssätzen ist der Verdienst der Kreditinstitute. Im Rahmen des Kapitalverkehrs führen Kreditinstitute auch das Wertpapiergeschäft und seine Nebengeschäfte durch. Sie wirken dadurch mit bei der Geldbeschaffung der Kapitalgesellschaften, bei der Gründung von Unternehmen, bei Kapitalerhöhungen usw. Darüber hinaus sind die Kreditinstitute auch beratend tätig, z. B. im unternehmerischen Bereich bei der Finanzplanung, der Finanzierung und auch bei Unternehmensverschmelzungen (Fusionen), im privaten Bereich bei der Vermögensanlage, den Immobilien und Anschaffungsfinanzierung etc.
Kreditinstitute leben davon, daß sie professionell, richtig mit Geld umgehen. Sie sind nicht zuletzt treuhänderische Verteilungsstelle ihrer Kundengelder. Dieses Attribut trifft aber auch auf andere Finanz- oder Geldunternehmen zu; z. B. auf Versicherungen (s. auch Kapitel 5) oder Unternehmensbeteiligungsgesellschaften oder Vermögensverwaltungen. Sie alle sind absolute Profis im Arbeiten mit dem Rohstoff Geld und handeln – wenn auch in etwas größeren Dimensionen – nach den Grundsätzen, die auch dem privaten Haushalt zugrunde liegen.

2. Finanzplanung: Der erste Schritt zu finanzieller Sicherheit

Wie wichtig das Geld und seine Rolle in der Wirtschaft zu nehmen ist, habe ich Ihnen im vorangegangenen Kapitel bereits ausführlich geschildert. Die Frage ist: Wie funktioniert das nun überhaupt, mit Geld sorgfältig umzugehen und es sinnvoll einzusetzen? – Diese Frage ist leider nicht in einem Satz zu beantworten; vielmehr müssen Sie sich hierzu das notwendige Know-how aneignen und die Tricks des privaten Finanzmanagements lernen.

Warum Finanzen planen?

Wer mit irgendeiner Tätigkeit bestimmte Ziele verfolgen und erreichen will, der muß seine Vorgehensweise sorgfältig planen. Kein Sportler, der zu einem bestimmten Zeitpunkt eine bestimmte Form erreichen will, kann es sich leisten, frei nach Gefühl zu trainieren. Planung heißt nichts anderes, als sich selbst ein Hauptziel zu setzen und auf dem Weg dahin kleinere Zwischenziele anzufixieren, deren Erreichen dann sorgfältig überwacht werden muß.
Betrachten wir hierzu einmal ein Wirtschaftsunternehmen, das seine Finanzen unbedingt genau planen muß. Ein Unternehmer muß seine Einnahmen und auch seine Ausgaben planen. Er muß etwa genau festlegen, wieviel er in einer bestimmten Periode herstellen und absetzen will.

Dann muß genau festgelegt werden, wie viele Rohstoffe er dazu benötigt, was sie kosten, wie sie gelagert werden sollen usw. Eine solche Kostenplanung umfaßt natürlich auch die Kosten des Personals und des gesamten Betriebs. Man spricht im Wirtschaftsleben von den sog. fixen Kosten und den variablen Kosten. Fixe Kosten sind diejenigen, die unabhängig von der Produktion des Betriebs von vornherein feststehen und kalkuliert werden können. Fixe Kosten sind zum Beispiel die Unterhaltung eines Verwaltungsgebäudes einschließlich des Aufwandes für die Aufrechterhaltung des Betriebs und seines Gebäudes (Strom- und Wasserkosten, Mieten, Heizung, Löhne des Personals). Die fixen Kosten und deren Höhe kennt der Unternehmer im allgemeinen.

Variable Kosten werden dem Produktionsvolumen zugeordnet und richten sich nach der Höhe dieses Volumens. Variable Kosten sind z. B. die Rohstoffe, die zur Herstellung benötigt werden, oder die Kosten für spezielle Werkzeuge, die unmittelbar für die Herstellung verwendet werden. Zu den variablen Kosten zählen aber auch die Kosten für den Absatz (Werbung, Transport etc.). Diese variablen Kosten muß der Unternehmer je nach der geplanten Produktion kalkulieren. Sie stehen nicht von vornherein fest und müssen gesondert kalkuliert werden.

Stehen erst einmal die Ausgaben fest, so geht es an die Planung der Einnahmen. Der Unternehmer muß hier entweder auf Erfahrungswerte aus der Vergangenheit zurückgreifen oder den Absatz seiner zu produzierenden Produkte realistisch nach seinen Erwartungen planen. Ist auch dieser Schritt getan, so erkennt der Unternehmer meist, ob der eigene Kassenbestand zuzüglich der voraussichtlichen Einnahmen ausreicht, um die Produktion zu finanzieren, oder ob er sich fremde Finanzmittel (Kredite, Darlehen) ausleihen muß. Die dafür zu zahlenden Zinsen sind ebenfalls Kosten, die der variablen Seite zugeordnet werden müssen. Diese genaue Vorausschau über die Entwicklung

der betrieblichen Finanzen nennt man den Finanzplan. Damit sich in diesem Finanzplan auch alles nach den Daten des Unternehmers entwickelt, muß er für einzelne Zeitabschnitte Unterziele setzen, um die Entwicklung kontrollieren zu können. Nur so kann er eventuelle Abweichungen rechtzeitig erkennen und ihnen entgegenwirken.
Sehr populär und dem Laien auch geläufiger sind die Planungen des Staatshaushalts, der einmal pro Jahr verabschiedet wird. Auch hier werden von unseren Politikern die Einnahmen und Ausgaben sorgfältig zusammengestellt und im Haushaltsplan festgehalten. Für die großen Geldvolumina eines Unternehmens oder eines ganzen Staates ist es unvorstellbar, ohne genaue Planung der Finanzen zu arbeiten. Aber auch der private Haushalt sollte diesen Beispielen folgen und sich die Mühe machen, seine Finanzen genauestens zu planen, denn nur so begrenzt man das Risiko des Unvorhergesehenen auf ein Minimum.

Private Finanzplanung – legen Sie Etappen fest!

Als privater Haushalt sollten Sie ebenfalls Ihre Finanzen für kurz-, mittel- und langfristige Etappen sorgfältig planen. Sicherlich haben Sie es hier etwas einfacher als der Wirtschaftsbetrieb, sofern Sie im Angestelltenverhältnis beschäftigt sind und jeden Monat ein festgelegtes, regelmäßiges Einkommen haben. Dann nämlich steht für Sie von vornherein fest, wie hoch die Finanzmittel sind, auf deren Basis Sie Ihre Ausgabenplanung aufbauen können. Sie wissen somit, was monatlich auf Ihr Konto fließt, und können grob ausrechnen, wieviel Sie davon ausgeben können. Nun wäre es ein leichtes, das Thema Finanzplanung mit einer ganz einfachen Einnahme-Ausgaben-Rechnung

abzutun, nach dem Motto: 2 000 DM verdiene ich, 2 000 DM darf ich ausgeben.
Grundsätzlich sollten Sie natürlich nach diesem Grundschema handeln und nie mehr ausgeben, als Sie einnehmen. Aber heute muß dieser Grundsatz erheblich verfeinert werden, da oftmals Ausgaben auf einen zukommen, die den monatlichen Verdienst übersteigen: wenn Sie sich z. B. ein neues Auto kaufen wollen oder eine neue Wohnzimmereinrichtung. Die dafür zu zahlenden Kaufpreise liegen in aller Regel weit über dem durchschnittlichen Einkommen eines Privathaushalts. Der Wunsch nach den eigenen vier Wänden, die Planung des nächsten Urlaubs oder sonstige Wünsche, die man sich erfüllen möchte, erfordern ein systematisches Planen der Finanzen, einen gezielten Vermögensaufbau und eine grobe Kenntnis der Möglichkeiten einer optimalen und kostengünstigen Finanzierung solcher Anschaffungen.
Finanzplanung bedeutet in erster Linie auch, die Gegenwart und vor allem die Zukunft finanziell in den Griff zu bekommen. Die Erfahrung zeigt aber, daß gerade derjenige, der sich beruflich engagiert und erfolgreich sein möchte, nicht immer genug Zeit und Gelegenheit hat, sich so intensiv wie nötig um seine private Finanzplanung zu kümmern. Viele Fragen zur persönlichen finanziellen Situation bleiben offen, viele Probleme unerkannt, viele Vorhaben werden verschoben, und oftmals bleiben sie ungelöst. Die private Finanzplanung und damit der richtige Umgang mit dem eigenen Geld erfordert außerdem fundierte Fachkenntnisse und bedarf der Auseinandersetzung mit den unterschiedlichsten Vertragspartnern – z. B. Banken, Versicherungen, Bauspar- und Finanzierungsinstitute und andere. Solche Fachkenntnisse fehlen den meisten, was zur Folge hat, daß sie sich in finanziellen Dingen unwissend und minderwertig fühlen, die Auseinandersetzungen mit ihren eigenen Finanzen verdrängen oder hinausschieben oder oft auch auf unseriöse Beratungsangebote hereinfal-

len. Die Auswirkungen einer falschen oder gar nicht vorhandenen Finanzplanung zeigt sich leider immer erst dann, wenn es für den einzelnen zu spät ist. Wie kann man sich doch ärgern, wenn Bekannte oder Kollegen aus der Firma in ein schmuckes Häuschen einziehen, man selbst aber wegen Geldmangel in der 3-Zimmer-Altbauwohnung heimisch bleiben muß. Wenn der Nachbar alle zwei Jahre ein neues Auto vor die Garage gestellt bekommt, man selbst aber immer noch in der 6 Jahre alten »Straßenbeleidigung« herumkutschieren muß. Solchen Ärger kann sich jeder ersparen. Es muß nämlich noch lange nicht heißen, daß Kollege oder Nachbar wesentlich mehr verdienen. Sehr oft liegt es nur daran, daß diese besser mit ihrem Geld umgehen können als man selbst.
Ein wirklicher Nachteil wäre z. B., wenn Sie einmal in Rente gehen und auf den Staat allein angewiesen blieben; während sich Ihr Freund mit 63 Jahren schon die zweite Weltreise gönnt, bliebe Ihr größtes Ausflugsziel nur der nächste Stadtpark. In diesem Falle liegt der Unterschied sehr wahrscheinlich darin, daß Ihr Freund frühzeitig damit begonnen hat, bescheidene Beträge Monat für Monat zurückzulegen, und sich so über viele Jahre hinweg ein stattliches Vermögen aufgebaut hat, während Sie »lieber den Spatz in der Hand« hatten als »die Taube auf dem Dach«.
Fatale Auswirkungen – die ich Ihnen wirklich nicht wünsche – hätte eine mangelnde und lückenhafte Vorsorge auf die Zukunft Ihrer Familie. Haben Sie sich schon einmal Gedanken darüber gemacht, was passiert, wenn Ihnen etwas zustoßen sollte? Was würde dann aus Ihrer Familie?
Der Wunsch vieler Bürger nach umfassender Analyse, objektiver Beratung und individueller Problemlösung ist deshalb mehr als verständlich. Nun könnte ich dieses Buch an dieser Stelle beenden und Ihnen nur den Namen des Beraters nennen, der Ihnen diese Beratungsvorzüge bieten kann. – Das ist jedoch nicht möglich! Es gibt ihn nicht, den absolut unabhängigen Berater, der einzig und allein Ihr fi-

nanzielles Wohlergehen im Kopf hat und Ihnen unabhängig den richtigen Weg in die (finanzielle) Zukunft weist. Jedenfalls habe ich noch keinen kennengelernt. Jede Bank, jeder Versicherungs- und Bausparvertreter, jeder Immobilienmakler, die solche Vorzüge lautstark auf ihre Fahnen schreiben, haben in erster Linie – es ist ja auch verständlich – nur ihre eigenen Geschäftsinteressen im Sinn. Wer also ernsthaft von einer modernen, professionellen Finanzplanung profitieren möchte, der sollte sich die Grundlagen dazu selbst aneignen.

Von der Analyse zum Maßnahmenplan

Seine finanzielle Zukunft kann nur derjenige in den Griff bekommen, der

- das Verhältnis seiner Ausgaben zu seinen Einnahmen ständig ausgewogen und überschaubar hält,
- sicherstellt, daß sein gewohnter Lebensstandard und der seiner Familie auch bei Schicksalsschlägen und nach Beendigung der beruflichen Tätigkeit ungefährdet ist, also keine Versorgungslücken bestehen,
- für seine geplanten Investitionen (Bau/Kauf einer Immobilie, Anschaffung eines neuen Autos etc.) stets eine optimale Finanzierungsform auswählt,
- seine überschüssigen Finanzmittel optimal ertragreich und auf seine persönlichen Vorlieben zugeschnitten anlegt.

Die Zukunft planbar zu machen ist die zentrale Aufgabe der modernen Finanzplanung. Es ist daher ungeheuer wichtig, ein lückenloses Finanzkonzept unter Einbeziehung aller Lebensphasen zu erstellen. Zur Systematisierung der Finanzplanung gibt es verschiedene Ansätze. Ich empfehle die Methode der einzelnen Etappen, also das

Vorgehen nach dem Lebensphasenkonzept. Ihre Bedürfnisse und Ziele werden dabei entsprechend ihrer Aktualität in die verschiedenen Lebensphasen, die Sie durchlaufen werden, gegliedert, und darauf aufbauend wird eine private Finanzstrategie für die Zukunft entwickelt. Die Planung sollte natürlich dort anfangen, wo Sie akut der Schuh drückt: bei Ihren aktuellen Finanzproblemen.

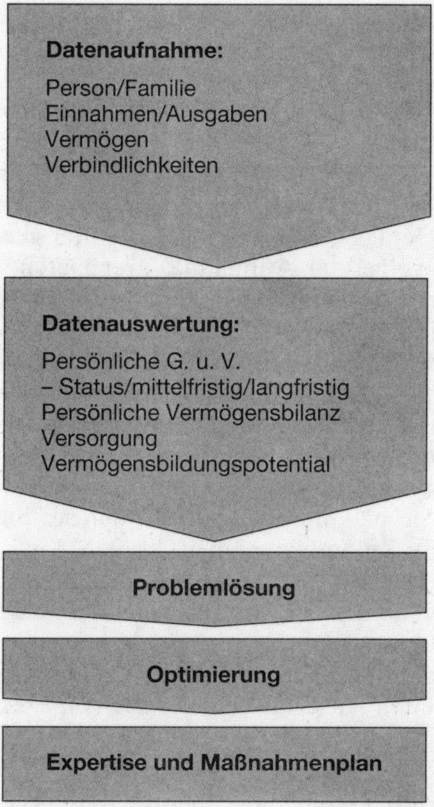

Schema einer privaten Finanzplanung

Wenn Sie beispielsweise schon vor der Planung eines eigenen Hauses stehen, sollte unbedingt die Realisierung einer optimalen Baufinanzierung der Einstieg in die Finanzplanung sein. Darauf baut dann das weitere Vorgehen auf (s. S. 139 ff.).

Am Anfang einer Finanzplanung liegt immer die Analyse der aktuellen Ausgangssituation. Zu berücksichtigen sind dabei vor allem die eigene Person, die Familie, die Einnahmen (Gehalt oder Einnahmen aus selbständiger Arbeit etc.), die fixen, also fest kalkulierbaren Ausgaben, die Feststellung über vorhandenes Vermögen und/oder Verbindlichkeiten. Bitte gehen Sie bei dieser *Datenaufnahme* sehr sorgfältig vor. Verwenden Sie als Anregung das auf S. 44 f. abgebildete Formular A – Datenaufnahme.
Als nächster Schritt sollte eine *Datenauswertung* der aufgelisteten Details erfolgen. Gehen Sie hier genauso sorgfältig vor wie bei der Aufnahme Ihrer Daten, und lassen Sie nichts beiseite. Stellen Sie, ähnlich wie ein Wirtschaftsunternehmen – eine persönliche Gewinn- und Verlustrechnung auf, die Sie möglichst auf aktueller, mittel- und langfristiger Basis errechnen. Verwenden Sie am besten das Formular B – Datenauswertung auf Seite 46 f.
Wenn Sie diese beiden sehr wichtigen Schritte hinter sich gebracht haben, so kennen Sie Ihre aktuelle finanzielle Ist-Situation. Sie haben also die Basis, auf der Sie anfangen können, Ihre Zukunft zu planen.
Für die aktuelle Situation ist es ratsam, sich Gedanken über den Stand der Dinge zu machen und sich gegebenenfalls bei bestehenden Problemen an eine aktuelle *Problemlösung* zu machen. Dies kann z. B. die Finanzierung einer geplanten Anschaffung oder auch die Deckung einer eventuellen Versorgungslücke sein. In den nachfolgenden Kapiteln lesen Sie zu den einzelnen Kategorien Ihrer Planung genauere Details, die Ihnen helfen werden, den einen oder anderen Problempunkt selbst zu lösen und in je-

dem Falle eine *Optimierung* der Ausgangssituation herbeizuführen.
Beim nächsten Schritt beginnt nun der eigentliche Teil einer sorgfältigen Finanzplanung. Jetzt sollten die mittel- und längerfristigen Ziele abgesteckt werden und zur Realisierung dieser Ziele eine Expertise und ein *Maßnahmenplan* erstellt werden. Verwenden Sie dazu das Formular C – Expertise und Maßnahmenplan auf S. 50 f.

Tip: Fixieren Sie Ihre Ziele immer in schriftlicher Form. So haben Sie es in Zukunft wesentlich leichter, diese Ziele auch zu realisieren. Genauso sollten Sie auch mit dem Maßnahmenplan verfahren.

Zunächst müssen Sie sich natürlich darüber im klaren sein, wie Sie sich Ihre Zukunft vorstellen. Das heißt, Ihre groben Lebensziele sollten von vornherein klar definiert sein. Haben Sie z. B. Kinder? Wünschen Sie sich welche? Wenn ja, wie viele? Beabsichtigen Sie, mittel- oder längerfristig eine eigene Immobilie zu bauen oder zu erwerben? Legen Sie solche Prioritäten nach Ihrem mittel- oder längerfristigen Charakter fest, und versuchen Sie einen groben Zeitplan dafür aufzustellen. Scheuen Sie sich bitte nicht davor, auch Details, die Ihnen jetzt vielleicht als unwichtig oder

Tip: Stecken Sie die einzelnen Etappen, die Sie für Ihr weiteres Leben schon heute vorhersehen können, ab. Setzen Sie sich überschaubare Kurz-, Mittel- und Langfristziele. Planen Sie zum Beispiel kurzfristig das laufende Jahr, mittelfristig die nächsten 2 bis 5 Jahre und langfristig den Zeitraum über 5 Jahre etwa bis hin zum Rentenalter. Tun Sie das aber auf alle Fälle wiederum schriftlich!

zu hoch gegriffen vorkommen, ebenfalls schriftlich festzuhalten. Es läßt sich vieles erreichen, wenn man es nur genau plant und dann konsequent darauf hinarbeitet.
Sie haben jetzt einen sehr wichtigen Schritt in Richtung optimale Finanzplanung hinter sich gebracht: Sie haben sich einmal – vielleicht das erste Mal überhaupt? – Gedanken darüber gemacht, wie Sie den Ablauf Ihres weiteren Lebens eigentlich planen. Sicherlich wird dies nicht der allerletzte und endgültige Ablaufplan sein – Sie wissen ja: Erstens kommt es anders, und zweitens als man denkt. Aber Sie haben anderen etwas Entscheidendes voraus: Sie wissen, wo Sie hinwollen! Und damit sind Sie Ihren Zielen einen großen Schritt näher gekommen.
Finanzplanung ist immer eine sehr individuelle Einzelleistung nach Maß und angelehnt an die persönliche Lebensplanung des einzelnen. Ich fände es falsch, an dieser Stelle irgendein Beispiel zu erfinden und daran die möglichen Planungspräferenzen zu erklären. Bestimmte Planungsziele sind allerdings verbindlich. Dazu zählen die Forderungen

1. immer über eine ausreichende Liquidität zu verfügen, das heißt, seinen Zahlungsverpflichtungen stets nachzukommen und ohne Probleme den Lebensunterhalt bestreiten zu können;
2. die Versorgungslücken zu schließen und somit gegen alle Risiken des täglichen Lebens bestmöglich gewappnet zu sein;
3. den Zinsaufwand zu minimieren und dadurch alle geplanten Anschaffungen bestmöglich zu finanzieren;
4. die Rendite seiner Sparanlagen zu steigern.

Um nun einen individuellen Finanzplan erarbeiten zu können, müssen Sie sich an Ihrem groben Lebensplan orientieren und die Punkte, für die Finanzen entscheidend sind, herausnehmen.

Beginnen Sie am besten mit dem kurzfristigen Bereich. Am wichtigsten ist natürlich, daß Sie Forderung 1 stets erfüllen, also mit Ihrem Geld so sorgfältig haushalten, daß Sie Ihren Lebensunterhalt bestreiten können und jederzeit zahlungsfähig bleiben.
Außerdem sollte natürlich auch kurzfristig vorausschaubar sein, ob irgendwelche Anschaffungen oder sonstige Ausgaben (vielleicht eine Steuernachzahlung etc.) auf Sie zukommen.

Tip: Wenn Sie sich schon die Arbeit machen, genau zu planen, vergewissern Sie sich bitte, daß Sie in Ihrem Plan auch alles ganz genau machen. Sprechen Sie mit Ihrer Familie ab, welche Ausgaben oder Anschaffungen mit eingeplant werden müssen. Nichts ist ärgerlicher, als sehr viel Zeit mit einer aufwendigen Planung zu verbringen, und diese ist nichts wert, weil sie hinten und vorne nicht stimmt.

Natürlich müssen Sie auch eventuelle Einnahmen (außer Ihrem Gehalt) mit einkalkulieren, denn das Leben besteht Gott sei Dank nicht nur aus Ausgaben. Vielleicht läuft ein Sparvertrag aus, oder Sie bekommen Geld vom lieben Finanzamt zurück. Wichtig ist in jedem Falle, daß Sie für diese Zeitspanne eine Gegenüberstellung Ihrer Einnahmen und geplanten Ausgaben erstellen. Vorteilhaft wäre es natürlich, wenn Sie diese Gegenüberstellung so gestalten, daß Sie diese immer wieder auf Einhaltung oder Abweichung hin überprüfen können. Diese Verfahrensweise nennt man in der Wirtschaft »Controlling«.
Bei der *mittelfristigen Planung* sollten Sie nun größere Finanzposten mit einplanen, so zum Beispiel ein neues Auto, eine neue Einrichtung, Renovierungsarbeiten am eigenen Haus etc. Daß Sie sich auch hier wieder an Ihrer Lebens-

planung orientieren, ist selbstverständlich. Ich bin davon überzeugt, daß Sie sich hier wesentlich leichter tun als bei Ihrer kurzfristigen Planung, denn größere Anschaffungen sind meistens keine Spontanentscheidungen.
Die *langfristige* Finanzplanung ist zwangsläufig am engsten mit Ihrer groben Lebensplanung verknüpft. Prioritäten können bei dieser Zeitperiode vor allem die Anschaffung eigener vier Wände, die Ausbildung der Kinder und selbstverständlich der systematische Aufbau der persönlichen Altersversorgung sein. Aber gerade hier ist es wichtig, daß Sie sich über Ihre persönlichen und finanziellen Ziele im klaren sind. Denn je länger die Planung befristet ist, desto systematischer und strategischer können Sie planen.

> *Tip:* Auch wenn es schwerfällt: Versuchen Sie auch langfristig einen möglichst genauen Zeitplan aufzustellen. Dieser sollte natürlich realistisch sein und nicht darin bestehen, eine Luxusvilla an der Côte d'Azur innerhalb eines Jahres bei einem Monatseinkommen von netto 3 000 DM anschaffen zu wollen.

Vorteil einer genauen Zeitplanung ist: Sie wissen, wann Sie wo hinwollen. Dementsprechend tun Sie sich viel leichter, wenn Sie die nötigen Maßnahmen festlegen.
Nun sollten Sie den ersten Teil Ihres Finanzplans fertiggestellt haben: den Teil, in dem Sie festlegen, was in Ihrer Zukunft finanziell passieren soll. Sie haben jetzt die Ist-Situation und die zukünftigen Soll-Situationspläne übersichtlich gestaltet.
Nun geht es darum, die aufgestellten Ziele auch zu erreichen. Als ersten Schritt sollten Sie Ihre Ausgangsposition genauestens überprüfen. Läßt sich der eine oder andere Punkt optimieren? Lassen sich vielleicht irgendwo Kosten einsparen? Um eine solche Analyse selbst durchführen zu

können, sind natürlich Vorkenntnisse in den verschiedensten finanziellen Bereichen notwendig. In den folgenden Kapiteln gehe ich auf nahezu alle Punkte, die hier in diesem Zusammenhang wichtig sind, detaillierter ein, so daß Sie Ihre Situationsanalyse problemlos selbst durchführen und eigene Lösungsvorschläge für eine Optimierung erarbeiten können.

> *Tip*: Wenn Sie ein Kapitel durchgearbeitet haben, versuchen Sie jeweils Ihren neuen Wissensstand anhand Ihrer erstellten Situationsanalyse sofort in die Praxis umzusetzen. Nehmen Sie sich den jeweils relevanten Problempunkt vor, und versuchen Sie, eine Lösung oder eine Verbesserung (Optimierung) herbeizuführen.

Schritt für Schritt zur optimalen Finanzstruktur

Nun kommt der zweite, entscheidende Teil Ihrer persönlichen Finanzplanung. Sie sollten einen Maßnahmenplan aufstellen, in dem Sie festlegen, wie Sie Ihre im ersten Teil gesteckten Ziele am besten erreichen können, das heißt, welche Maßnahmen Sie ergreifen müssen.
Natürlich müssen Sie die verbindlichen Hauptforderungen auf alle Fälle erfüllen. Am einfachsten ist dies noch bei der Forderung 1: »Immer über eine ausreichende Liquidität verfügen.«
Um diese Forderung zu erfüllen, dürfen Sie auf keinen Fall und niemals über Ihre Verhältnisse leben. Lachen Sie jetzt bitte nicht. Ein solches Verhalten ist der Anfang allen (finanziellen) Übels, und leider trifft man es viel zu häufig. Da gibt es zum Beispiel Familien, in denen der Mann zur

Zeit arbeitslos ist, die Frau eine Aushilfsstelle angenommen hat und im Monat ca. 1 000 DM verdient. Diese Familie nimmt einen Kredit über 10 000 DM auf, um sich einen neuen Fernseher, eine Stereoanlage und ein neues Videogerät anzuschaffen.
Können Sie ein so unvernünftiges Verhalten billigen? Ich nicht! Also tun Sie mir den Gefallen, und leisten Sie sich ab heute nur noch das, was Sie sich auch leisten können! Sie werden sehen, so kommen Sie besser zurecht und schlafen ruhiger, als wenn Sie in ständiger Geldknappheit leben.
Noch eines möchte ich Ihnen an dieser Stelle als Ratschlag mit auf den Weg geben: In meinem Beruf komme ich zwangsläufig mit Menschen zusammen, die zu den wirklich Reichen auf dieser Welt gehören. Diese Menschen besitzen große Unternehmen, Immobilienkomplexe und wirklich sehr, sehr viel Geld. Wußten Sie, daß gerade diese Leute die Mark öfter umdrehen, bevor sie sie ausgeben, als ein »Otto Normalverbraucher« hierzulande? Einer meiner persönlichen Bekannten, ein Japaner, darf sich zu den reichsten Menschen dieser Erde zählen. Dieser Bekannte repariert das eine Paar Schuhe, das er besitzt, selbst, wenn die Sohle durch ist. Nur damit er nicht unnötig Geld ausgeben muß für den Schuster. Sie dürfen mir das ruhig glauben. Ich habe kein Interesse daran, Ihnen irgend etwas vorzuschwindeln.
Haben diese Leute Ihnen etwas voraus? – Ja, wahrscheinlich das Wissen, daß »Geld eine Rolle spielt« und daß es einfacher ist, Geld auszugeben, als es zu verdienen.
Fortwährende Liquidität setzt aber auch vorausschauendes Denken im Umgang mit dem monatlichen Verdienst voraus. Wenn Sie sich zum Beispiel in fünf Monaten einen Videorecorder für ca. 600 DM kaufen möchten, müssen Sie dafür sorgen, daß diese 600 DM zum Kaufzeitpunkt auch wirklich vorhanden sind. Dies können Sie sicherstellen, indem Sie bis dahin jeden Monat etwas zurücklegen,

oder Sie tragen diese Ausgabe einfach von Ihrem Monatsgehalt, wenn Sie über ein entsprechendes Einkommen verfügen.
Fortwährende Liquidität ist natürlich nicht nur auf unvorhersehbare Ausgaben zu beziehen, sondern vielmehr auch auf die von vornherein festliegenden, immer wiederkehrenden Ausgaben, so zum Beispiel Jahresbeiträge für Versicherungen, Heizölkosten usw.

Tip: Verfahren Sie hier wie ein Wirtschaftsunternehmen: Legen Sie sich einen Kalender an, in den Sie die bekannten Zahlungstermine mit der Höhe der jeweiligen Zahlung eintragen. Es reicht vollkommen aus, wenn Sie diesen kurzfristigen Liquiditätsplan jeweils für ein Kalenderjahr anlegen. So behalten Sie immer die Übersicht und können genau abwägen, wann es finanziell einmal etwas anders werden könnte oder wann Sie sich die eine oder andere zusätzliche Ausgabe am ehesten leisten können. Ein Wirtschaftsbetrieb könnte ohne einen solchen Liquiditätsplan niemals effizient arbeiten. Tun Sie es auch! Und Sie werden sehen, wie einfach es sein kann, vor finanziellen Überraschungen gefeit zu sein.

Um die übrigen drei verbindlichen Hauptforderungen richtig zu erfüllen, benötigen Sie die Kenntnisse, die Sie sich in den folgenden Kapiteln aneignen werden. Prinzipiell gehen Sie natürlich genauso vor wie bei der kurzfristigen Liquiditätsplanung. Nehmen Sie sich Ihre Planungsvorausschau zur Hand, und erarbeiten Sie systematisch die notwendigen Maßnahmen, um Ihre festgelegten Ziele optimal erreichen zu können.
Oberste Priorität hat immer die *rechtzeitige* Auseinandersetzung mit dem einen oder anderen Problem. Schieben Sie nichts hinaus. Zeit ist im wahrsten Sinne des Wortes

Formular A – Datenaufnahme

Monatliches Nettoeinkommen			Monatliche Ausgaben		
Ehemann	DM	________	Miete	DM	________
Ehefrau	DM	________	Lebensunterhalt	DM	________
Sonstige mtl. Einnahmen aus ________________	DM	________	Schuldverpflichtungen (Hypotheken, sonstige Kredite) ________________	DM	________
	① DM	========	Beiträge f. Versicherungen, Bausparverträge usw.	DM	________
			Sonst. Zahlungsverpflichtungen	DM	________
				② DM	========

Vermögen		Verbindlichkeiten	
Bank- u. Sparguthaben	DM ______	Hypothekenbelastung	DM ______
Wertpapiere	DM ______	aus Ratenkrediten	DM ______
Immobilienbesitz	DM ______	Verbindlichkeiten bei Kreditinstituten	DM ______
Betriebsvermögen	DM ______	Sonstige Verbindlichkeiten (z. B. Steuerschulden etc.)	DM ______
Lebensversicherungen (Rückkaufswert)	DM ______	Bürgschaften	DM ______
Sonstiges	______		
______	DM ______	______	DM ______
	③ DM ______		④ DM ______

Zwischensummen zum Übertrag in die Datenauswertung:

1.) mtl. Überschuß (1) – (2) = DM ______

2.) effektives Vermögen (3) – (4) = DM ______

Formular B – Datenauswertung

1. Persönliche Gewinn-und-Verlust-Rechnung (Liquiditätsstatus)

   - aktuell (Betrag ① – mtl. Überschuß aus der Datenerfassung): DM ________
   - mittelfristig (Schätzen bzw. planen Sie, wie sich dieser Betrag aus heutiger Sicht mittelfristig verändern kann): DM ________
   - langfristig (Schätzen bzw. planen Sie, wie sich dieser Betrag aus heutiger Sicht langfristig verändern kann): DM ________

2. Persönliche Vermögensbilanz

   - aktuell (Betrag ② aus der Datenerfassung): DM ________
   - mittelfristig (geplante oder geschätzte Veränderung im mittelfristigen Zeitraum): DM ________
   - langfristig (geplante oder geschätzte Veränderung im langfristigen Zeitraum): DM ________

3. Persönlicher Versorgungsstatus

- Verwenden Sie zur Feststellung des Versorgungsstatus bitte Formular B 1 und fassen Sie die Beträge dann zusammen zum Faktor

  Gesamt-Versorgungsaufwendungen: DM __________

4. Persönliches Vermögensbildungspotential

- ist der überschüssige Betrag des mtl. Nettoeinkommens abzüglich (Zahlungsverpflichtungen + Versorgungsaufwendungen):

- aktuell: DM __________

- mittelfristig: DM __________

- langfristig: DM __________

Tip: Mit dieser Auswertung haben Sie eine Gesamtübersicht über den Stand Ihrer finanziellen Situation. Gehen Sie vor wie ein Wirtschaftsunternehmen und überprüfen Sie Ihre Situation anhand einer solchen Auswertung in bestimmten Abständen. In der betriebswirtschaftlichen Sprache nennt man dies »Finanz-Controlling«.
Ein solches »Controlling« bewahrt Sie vor bösen Überraschungen in der Entwicklung Ihrer finanziellen Situation.

Formular B 1 – Alle Verträge auf einen Blick

Stand:

a. Krankenversicherung	versicherte Person	Amb%	Stat%	Zahn%	Zus.-T.	Gesellschaft	Beginn	Ablauf	Beitrag

b. Lebensversicherung	versicherte Person	Vers.-Summe	Anpassung	UZV	BUZ	Gesellschaft	Beginn	Ablauf	Beitrag

c. Unfallversicherung	versicherte Person	Vers.-Umfang u. Summe					Gesellschaft	Beginn	Ablauf	Beitrag
		Tod	Inv.	Progr.	KHT	Anp.				

d. Haftpflichtversicherung	Art	Versicherungsumfang	Gesellschaft	Beginn	Ablauf	Beitrag

e. Vermögensbildung	Art	Anlageart	Summe	AG-Zuschuß	Gesellschaft	Beginn	Ablauf	Beitrag

f. **Bauspar-vertrag**	Sparer	BS-Summe	Zweck	Gesellschaft	Beginn	Ablauf	Sparbeitrag

g. **Kfz-Versicherung**	PS/KW	Summe	%	SF	Typenklasse		Gesellschaft	Beginn	Ablauf	Beitrag
					Teilkasko/ Selbst	Vollkasko/ Selbst				

h. **Rechtsschutz**	Vers.-Art/-Umfang	Gesellschaft	Beginn	Ablauf	Beitrag

i. **Hausrat-versicherung**	Versicherungsumfang			Gesellschaft	Beginn	Ablauf	Beitrag
	Vers.-Summe	Dynamik	versicherte Gefahren				

j. **Wohn-gebäude-versicherung**	Vers.-Umfang/Objekt	Gesellschaft	Beginn	Ablauf	Beitrag

k. **Renten-versicherung**	letzte Rentenberechnung	Mann	Frau

Formular C – Expertise und Maßnahmenplan

An dieser Stelle sollte eine genaue Überprüfung der aktuellen Situation erfolgen, sowie die Festlegung einzelner Maßnahmen, um die Situation in den geplanten Zeiträumen ggf. zu ändern bzw. zu optimieren. Gehen Sie am besten Schritt für Schritt nach folgenden Kriterien vor:

1. Läßt sich der Liquiditätsstatus in der aktuellen Situation noch verbessern (z. B. durch die Erhöhung des mtl. Nettoeinkommens mittels Zusatzeinkommen etc. oder durch Senkung der mtl. Ausgaben [z. B. Einsparungen beim Lebensunterhalt, Umschuldung der momentanen Verbindlichkeiten in günstigere Varianten etc.])?

   Maßnahmen ______________________________

2. Bestehen Möglichkeiten, die aktuelle Vermögensbilanz zu optimieren (z. B. durch Senkung der Verbindlichkeitenseite etc.)?

   Maßnahmen ______________________________

3. Lassen sich die gesamten Vorsorgeaufwendungen optimieren, bzw. senken? (Dieser Punkt ist äußert wichtig. Eine Einsparung in diesem Bereich sollte niemals zu Lasten der »Qualität« gehen. Versorgungsprodukte lassen sich erfahrungsgemäß jedoch sehr viel »günstiger einkaufen«, als dies im Durchschnitt praktiziert wird. Studieren Sie dazu bitte unbedingt auch Kapitel 5, Versicherungen.)

   Maßnahmen ______________________________

4. Ist der Liquiditätsstatus ausreichend, auch im Hinblick auf zukünftige Planungszeiträume? Die überschüssige Liquidität ist der einzige Faktor, der zur Vermögensbildung verwendet werden kann.
   (Prüfen Sie bitte, ob alle vorher festgelegten Maßnahmen ausreichen, um die Liquidität zu verbessern, oder ob evtl. der Vermögensanteil dahingehend umgeschichtet werden soll, daß sich daraus mehr Liquidität ergibt).

   Maßnahmen ______________________________

5. Ist die Vermögensbildung so gestaltet, daß sie auch die langfristigen Ziele voll und ganz erfüllen kann?
   (Die richtige und optimale Anlage der überschüssigen Liquidität ist oberstes Gebot eines soliden und sinnvollen Vermögensaufbaus. Berücksichtigen Sie bei der Beantwortung dieser Frage bitte unbedingt Ihre mittel- und langfristigen Lebens- und Anschaffungspläne. Einen Ratgeber zur Beantwortung dieser Frage finden Sie in den Kapiteln 3 und 4.)

   Maßnahmen ______________________________

> *Tip:* Für die Erstellung dieses Maßnahmenplanes sollten Sie sich immer fachmännischen Rates bedienen.

Geld. Ganz egal, ob es nun darum geht, Ihren persönlichen Versorgungsstatus zu optimieren, das heißt, erkennbare Lücken zu schließen, oder darum, die notwendigen Finanzmittel für eine mittel- bis langfristig geplante Anschaffung auch mittel- bis langfristig aufzubauen. Sie müssen so früh wie möglich damit beginnen, die Weichen dementsprechend zu stellen.
Oftmals ist es vorteilhaft, wenn nicht gar notwendig, akute Maßnahmen zur Optimierung des momentanen Status mit mittel- und/oder langfristigen strategischen Maßnahmen zu kombinieren. Ein Beispiel: Häufig konnten viele meiner Kunden nur durch die Umschichtung Ihrer Vorsorgeaufwendungen einige hundert Mark im Monat einsparen und so effektiv ihr Vermögenspotential, also die Summe, die monatlich übrigbleibt und zum Ansparen und zum strategischen Vermögensaufbau verwendet werden kann, erhöhen. Zu unterscheiden ist dabei natürlich die jeweilige Zielsetzung, also das, was man mit dem Ansparen bzw. der Vermögensbildung erreichen will. Dementsprechend müssen dann die relevanten Anspar- oder Anlagemedien ausgesucht und belegt werden. Ebenso gilt dies für verschiedene Finanzierungsmedien. Hier kommt es darauf an, was finanziert werden soll.

3. Lieber gut angelegt als schlecht ausgegeben!

Vorteilhafte Kapitalanlagen und der Weg zum systematischen Vermögensaufbau

Der Markt für das Vermögenanlagegeschäft ist außerordentlich expansiv. Allein im Jahre 1990 wurde in der alten Bundesrepublik ein Nettogeldvermögen von 200 Mrd. DM gebildet. Bis zum Jahre 2000 wird eine Zunahme des privaten Geldvermögens in Deutschland von derzeit etwa 3 Billionen DM auf über 5 Billionen DM erwartet. Gleichzeitig wird der Markt neu verteilt. Exemplarisch für diese Entwicklung ist der Trend bei den Erbschaften. Bereits 1989 sind in der Bundesrepublik Deutschland Vermögen im Wert von rund 80 Mrd. DM vererbt worden. Viele Finanzdienstleistungsinstitute haben diesen neuen, expansiven Markt für sich entdeckt und drängen mit neuen Beratungs- und Dienstleistungsangeboten auf den Markt. Bei dieser unüberschaubaren Fülle von Angeboten und Anbietern tut sich der Privatmann verständlicherweise sehr schwer, für seine Bedürfnisse die idealen Anlagemedien zu finden. Dabei ist es äußerst wichtig, die einzelnen Anlagemedien für den individuellen Vermögensaufbau zu nutzen. Die private Vermögenslage sollte jeweils nach den persönlichen Präferenzen und finanziellen Zie-

len bausteinartig aufgebaut sein und stets aus verschiedenen, aufeinander abgestimmten Komponenten bestehen.
Das alles klingt natürlich sehr einfach für einen, der sich im Metier auskennt, werden Sie vielleicht jetzt sagen. Natürlich brauchen Sie unbedingt fachmännischen Rat, wenn Sie gezielt ein Vermögen aufbauen wollen, und Sie sollten auf diesen auch nicht verzichten. Ebensowenig wie auf die Hilfe eines erfahrenen Monteurs bei der Reparatur Ihrer Heizung. Aber wie in allen Dingen des Lebens sollten Sie besonders dann, wenn es um Ihr sauer verdientes Geld geht, sich ein bißchen Fachwissen aneignen, damit Sie Ihrem Berater nicht hilflos und ohne Kontrollmöglichkeit ausgeliefert sind. Das Thema Kapitalanlagen ist ein sehr informationsintensives Gebiet, und es erfordert zu Anfang einige Zeit, sich das notwendige Know-how anzueignen. Kennen Sie sich dann aber auf diesem Gebiet erst ein wenig aus, werden Sie sehr bald feststellen, daß sich die Zeitinvestition gelohnt hat. Ganz zu schweigen von dem erhebenden Gefühl, wenn Sie mit Ihrem Anlageberater auf gleicher Stufe über die verschiedenen Anlagevarianten diskutieren können.
In den folgenden neun Unterkapiteln werden Sie das Wichtigste über die gängigsten Anlagemedien lernen, bevor ich Ihnen zum Schluß einige Strategien für einen sinnvollen Vermögensaufbau an die Hand gebe.

1. Festverzinsliche Wertpapiere

Festverzinsliche Wertpapiere lauten auf einen bestimmten Betrag, den der Aussteller des Papiers, der Emittent, dem Anleger schuldet. Dieser Geldbetrag, auch Nennwert oder Nominalwert genannt, kann z. B. bei 1 000, 5 000 oder 10 000 DM und höher liegen. Er wird dem Anleger zu einem vorher genau festgelegten Zeitpunkt zurückgezahlt. Die Zeitspanne zwischen dem Verzinsungsbeginn einer

Emission und der Rückzahlung (Tilgung) bezeichnet man als Laufzeit des Wertpapiers. Sie ist bei den heute ausgegebenen Titeln meist nicht länger als zehn Jahre. Ist ein Teil der Laufzeit bereits vergangen, bezeichnet man den bis zur Tilgung noch verbleibenden Zeitraum als Restlaufzeit.

Im Gegensatz zum Sparbuch, bei dem sich der Zinssatz von Zeit zu Zeit verändern kann, sind festverzinsliche Wertpapiere mit einem von vornherein für die gesamte Laufzeit fest vereinbarten, gleichbleibend hohen Zinssatz ausgestattet. Die Zinsen werden zumeist jährlich, in Einzelfällen auch halbjährlich ausgezahlt und kommen einer Rente gleich. Festverzinsliche Wertpapiere werden deshalb auch als Rentenwerte bezeichnet. Neben diesen klassischen Rentenwerten mit regelmäßiger Zinszahlung und festem Zinssatz gibt es auch Null-Kupon-Anleihen und variabel verzinsliche Anleihen. Bei Null-Kupon-Anleihen, auch Zerobonds genannt, werden die Zinsen nicht jährlich während der Laufzeit ausgezahlt, sondern erst zum Zeitpunkt der Tilgung. Der Anleger bekommt also mehr Geld zurück, als er für den Kauf der Papiere ausgegeben hat. Bei variabel verzinslichen Anleihen, auch Floating-Rate-Notes genannt, sind die Zinsen nicht für die gesamte Laufzeit festgelegt. Sie werden vielmehr in regelmäßigen Abständen – zumeist alle drei oder sechs Monate – überprüft und dem aktuellen Zinsniveau am Geldmarkt angepaßt. Ein häufig gewählter Maßstab ist FIBOR (Frankfurter Interbank Offered Rate). Dieser Satz wird täglich als Durchschnitt aus den Zinssätzen errechnet, die von zwölf ausgewählten Kreditinstituten der Bundesrepublik für kurzfristige Ausleihungen an andere Banken berechnet werden. Zu den weiteren Besonderheiten variabel verzinslicher Anleihen zählt die zumeist halb- oder vierteljährliche Auszahlung der Zinsen jeweils zu den Anpassungsterminen. Außerdem ist die Stückelung so hoch, daß diese Papiere für private Anleger kaum in Frage kommen.

Vom Nominalzins zur Rendite

Bei einem Sparkonto ist der Zinssatz ein genaues Maß für die Rentabilität. Das gilt natürlich nur für den Fall, daß keine zusätzlichen Vergünstigungen – etwa in Form eines Bonus oder einer Prämie – gewährt werden. Auch bei festverzinslichen Wertpapieren, die zum Nennwert gekauft und zurückgezahlt werden, entspricht der angegebene Zinssatz genau der Rendite. In der Praxis ist dies aber meist die Ausnahme.
Die Wertpapieremittenten möchten ihren Kunden stets der aktuellen Lage am Rentenmarkt entsprechend Konditionen bieten, ohne dabei jeweils neue Serien von Rentenwerten auflegen zu müssen. Aus diesem Grunde variieren sie den Ausgabepreis ihrer Papiere. Der Nominalzins, der auf den Nennwert oder Nominalwert gezahlt wird, bleibt unverändert. Die auf den Ausgabepreis bzw. Kaufkurs bezogene Verzinsung von Rentenwerten bezeichnet man als laufende Verzinsung. Sie wird nach folgender Formel berechnet:

$$\frac{\text{Zinssatz x 100}}{\text{Kaufkurs}} = \text{laufende Verzinsung}$$

Damit ist jedoch erst ein Teil des gesamten Ertrages erfaßt. Liegt der Ausgabepreis bzw. der Kaufkurs unter dem Nennwert – den Differenzbetrag nennt man in diesem Falle Disagio –, so entsteht dem Anleger bei der Tilgung zum Nennwert zusätzlich ein Kursgewinn. Erst wenn auch dieser Kursgewinn berücksichtigt und auf die Laufzeit des Wertpapiers verteilt wird, erhält man den Gesamtertrag.
Mit Hilfe der EDV läßt sich die Rendite genau berechnen. Näherungswerte erhält man nach der Formel:

$$\frac{\text{Zinssatz x 100}}{\text{Kaufkurs}} + \frac{\text{Disagio}}{\text{Laufzeit}} \text{ x } \frac{100}{\text{Kaufkurs}} = \text{Rendite}$$

Hierzu ein Beispiel: Ein Pfandbrief mit einem Nennwert von 1 000 DM und einem Zinssatz von 6,5 % wird zum Kurs von 98,00 % gekauft. Bei einer angenommenen Laufzeit von zehn Jahren ergeben sich folgende Werte:

$$\frac{6{,}5 \times 100}{98{,}00} + \frac{2}{10} \times \frac{100}{98{,}00} = 6{,}63 + 0{,}20 = 6{,}83\ \%$$

Die Faustformel führt in diesem Fall zu einer über dem Nominalzins liegenden Rendite. Liegt der Kaufkurs über dem Nennwert, so nennt man den Differenzbetrag Agio. Anstelle des Disagios ist dann der Agiobetrag einzusetzen und das Ergebnis des zweiten Bruchs vom ersten abzuziehen.
Wie ich bereits ausgeführt habe, liefert diese Faustformel nur Näherungswerte, denn das Agio bzw. Disagio wird gleichmäßig auf die Laufzeit verteilt, ohne zu berücksichtigen, daß es dem Anleger erst zum Zeitpunkt der Tilgung zufließt bzw. bereits beim Erwerb zu zahlen ist. Finanzmathematisch exakte Werte und weitere Beispiele für Renditen bei unterschiedlichen Erwerbskursen, Laufzeiten und Nominalzinsen enthält die Tabelle auf Seite 58.

Börsennotierung von festverzinslichen Wertpapieren

Anleger, die Neuemissionen erwerben und diese bis zum Ende der Laufzeit halten, kommen mit der Börse nicht in Berührung. Anders verhält es sich beim Kauf oder Verkauf umlaufender Rentenwerte. Hier geben Sie als Kunde Ihrem Kreditinstitut einen entsprechenden Auftrag, der dann an einer Wertpapierbörse, an der die Wertpapiere notiert und gehandelt werden, ausgeführt wird. Bei einem Kauf oder Verkauf über die Börse muß der Anleger angeben, ob der Auftrag »limitiert« oder »billigst« abgewickelt werden soll. Als Limit bezeichnet man eine Preisgrenze nach oben oder nach unten. Steigt der Kurs über oder sinkt

Renditen von Wertpapieren mit jährlicher Verzinsung bei unterschiedlichen Erwerbskursen, Laufzeiten und Nominalzinsen.

Er-werbs-kurs-		Laufzeit 5 Jahre				Laufzeit 8 Jahre					Laufzeit 10 Jahre				
		Nominalverzinsung				Nominalverzinsung					Nominalverzinsung				
	6 %	6,5 %	7 %	7,5 %	8 %	6 %	6,5 %	7 %	7,5 %	8 %	6 %	6,5 %	7 %	7,5 %	8 %
70	14,94	15,57	16,21	16,84	17,48	12,05	12,68	13,32	13,96	14,60	11,12	11,76	12,40	13,04	13,68
72	14,19	14,82	15,44	16,06	16,69	11,55	12,17	12,79	13,42	14,05	10,69	11,32	11,94	12,57	13,20
74	13,48	14,09	14,70	15,31	15,93	11,06	11,67	12,29	12,90	13,51	10,28	10,90	11,51	12,13	12,74
76	12,79	13,39	13,99	14,59	15,19	10,60	11,20	11,80	12,40	13,00	9,89	10,49	11,09	11,69	12,30
78	12,12	12,71	13,30	13,89	14,48	10,15	10,73	11,32	11,92	12,51	9,50	10,10	10,69	11,28	11,87
80	11,48	12,06	12,64	13,22	13,80	9,71	10,29	10,87	11,45	12,03	9,13	9,72	10,30	10,88	11,46
82	10,85	11,42	11,99	12,56	13,13	9,29	9,86	10,43	11,00	11,57	8,78	9,35	9,92	10,49	11,06
84	10,25	10,81	11,37	11,93	12,49	8,88	9,44	10,00	10,56	11,12	8,43	8,99	9,55	10,12	10,68
86	9,66	10,21	10,77	11,32	11,87	8,48	9,03	9,58	10,14	10,69	8,10	8,65	9,20	9,75	10,31
88	9,09	9,64	10,18	10,72	11,27	8,10	8,64	9,18	9,73	10,27	7,77	8,31	8,86	9,40	9,95
90	8,54	9,08	9,61	10,15	10,68	7,72	8,26	8,79	9,33	9,87	7,45	7,99	8,53	9,06	9,60
92	8,00	8,53	9,06	9,59	10,12	7,36	7,89	8,41	8,94	9,47	7,15	7,67	8,20	8,73	9,26
94	7,48	8,00	8,52	9,04	9,57	7,00	7,53	8,05	8,57	9,09	6,85	7,37	7,89	8,41	8,93
96	6,97	7,49	8,00	8,52	9,03	6,66	7,17	7,69	8,20	8,72	6,56	7,07	7,59	8,10	8,61
98	6,48	6,99	7,49	8,00	8,51	6,33	6,83	7,34	7,85	8,35	6,28	6,78	7,29	7,80	8,30
100	6,00	6,50	7,00	7,50	8,00	6,00	6,50	7,00	7,50	8,00	6,00	6,50	7,00	7,50	8,00
102	5,53	6,02	6,52	7,01	7,51	5,68	6,18	6,67	7,16	7,66	5,73	6,23	6,72	7,21	7,71
104	5,07	5,56	6,05	6,54	7,02	5,37	5,86	6,35	6,83	7,32	5,47	5,96	6,45	6,93	7,42
106	4,63	5,11	5,59	6,07	6,55	5,07	5,55	6,03	6,51	7,00	5,22	5,70	6,18	6,66	7,14
108	4,19	4,67	5,14	5,62	6,10	4,77	5,25	5,73	6,20	6,68	4,97	5,44	5,92	6,39	6,87
110	3,77	4,24	4,71	5,18	5,65	4,48	4,96	5,43	5,90	6,37	4,72	5,19	5,66	6,13	6,60

Beispiel: Bei einem Erwerbskurs von 98, einer Laufzeit von 10 Jahren und einer Nominalverzinsung von 6,5 % beträgt die Rendite 6,78 %.

er unter das Limit, so werden limitierte Aufträge nicht ausgeführt. Dagegen bedeutet »billigst« bzw. »bestens«, daß der Auftrag auf jeden Fall ausgeführt werden soll, und zwar beim Kauf zu den günstigsten und beim Verkauf zu den bestmöglichen Bedingungen.
Für die Kursbildung sind drei Faktoren entscheidend: die aktuelle Lage am Rentenmarkt, der Nominalzins und die Restlaufzeit des betreffenden Papiers. Dabei gilt die Grundregel, daß die Kurse um so näher am Nennwert liegen, je kürzer die Restlaufzeit ist. Kurse und Zinsen entwickeln sich am Rentenmarkt stets gegenläufig: Steigt die Nachfrage, so steigen auch die Kurse umlaufender Papiere, was bei gegebenem Nominalzins dieser Rentenwerte zu sinkenden Renditen führt. Umgekehrt sinken bei nachlassender Nachfrage die Kurse früher ausgegebener Titel, so daß die Renditen ansteigen. Der Handel am Rentenmarkt ist wie am Aktienmarkt abhängig von Angebot und Nachfrage. Anders als beim Aktienmarkt braucht am Rentenmarkt niemand zu befürchten, keinen Käufer zu finden. Die Emittenten festverzinslicher Wertpapiere sind in der Regel bereit, Wertpapiere, für die keine Kaufaufträge Dritter vorliegen, zu einem Preis zu übernehmen, der der aktuellen Lage am Rentenmarkt entspricht.
Die Börsennotierung gibt den Emittenten die Möglichkeit, die Kursentwicklung ihrer Papiere laufend zu verfolgen und bei Bedarf glättend darauf einzuwirken. So ist der Anleger vor Überraschungen geschützt und kann seine Papiere jederzeit zum Tageskurs verkaufen. Der Erlös wird ihm entsprechend den Gepflogenheiten an deutschen Börsen am 2. Börsentag nach dem Schlußtag – dem Tag, an dem der Verkauf erfolgte – gutgeschrieben. Allerdings sind nicht alle Rentenwerte an der Börse notiert. Zu den nichtnotierten Titeln zählen vor allem Namensschuldverschreibungen. Das sind Wertpapiere, die auf den Namen des Käufers lauten. Sie werden in aller Regel nur an institutionelle Anleger wie Banken, Versicherungen abgegeben.

Umlauf festverzinslicher Werpapiere inländischer Emittenten Ende 1988

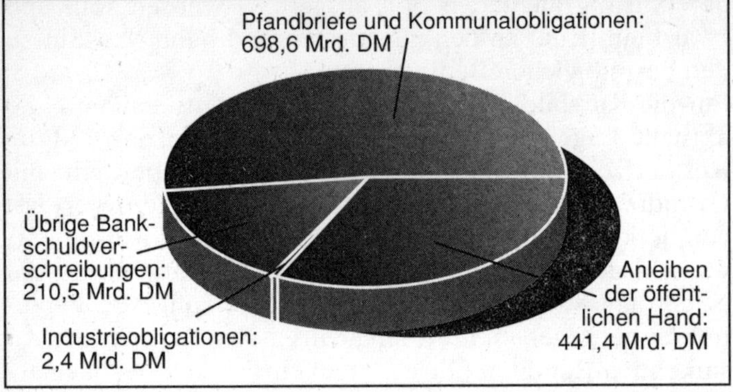

Zinsbewegungen am Rentenmarkt

Zinsbewegungen am Rentenmarkt können verschiedene Ursachen haben. Es gibt zum einen tägliche Schwankungen, die auch als das »Atmen« des Marktes bezeichnet werden. Sie stellen eine Reaktion auf aktuelle Ereignisse dar, haben aber mit dem eigentlichen Zinstrend überhaupt nichts zu tun.

Daneben ist eine im Laufe der Zeit unterschiedlich stark ausgeprägte Abhängigkeit des deutschen Rentenmarktes von Entwicklungen an ausländischen Finanzplätzen zu beobachten, die den eigentlichen Zinstrend überlagern kann. Für den längerfristigen Zinstrend spielt unter den binnenwirtschaftlichen Faktoren erfahrungsgemäß die Entwicklung der Preissteigerungsrate eine erhebliche Rolle.

Um Gefahren für die Geldwertstabilität vorzubeugen, kann die Deutsche Bundesbank mit den verschiedensten Maßnahmen auf die Geldversorgung und damit auf die Zinsbildung am Geld- und Kapitalmarkt einwirken. Werden in Zeiten konjunktureller Überhitzung und steigender

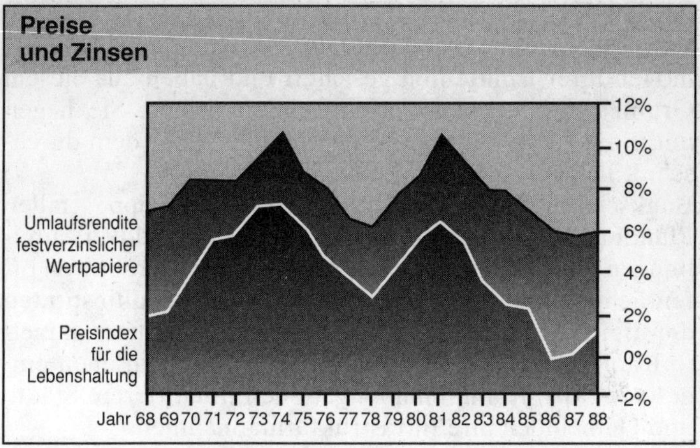

Inflationsraten zudem mehr Finanzierungsmittel gebraucht, wird das Geld knapper, und der Zins, der Preis des Geldes, steigt. In der Vergangenheit haben sich Inflationsrate und Zinssätze am Rentenmarkt oft weitgehend gleichförmig entwickelt. Dabei waren zyklische Bewegungen zu erkennen: Zum einen folgte dem Anstieg von Preisen und Zinsen nach einigen Jahren ein deutlicher Rückgang, der später wieder von einem Anstieg abgelöst wurde.

Aus den Zinszyklen vergangener Jahrzehnte können keine Prognosen über zukünftige Entwicklungen abgeleitet werden. Die Höhe der Ausschläge und die Dauer der einzelnen Zinsphasen hängen vielmehr von der aktuellen wirtschaftlichen Lage ab.

Die verschiedenen Arten festverzinslicher Wertpapiere

In der Bundesrepublik Deutschland werden drei verschiedene Kategorien festverzinslicher Wertpapiere gehandelt: Anleihen der öffentlichen Hand: Emittenten sind die Bun-

desrepublik Deutschland, ihre Bundesländer sowie die Bundespost und die Bundesbahn. Sie sind durch das Vermögen ihrer Emittenten gesichert und haben aus diesem Grund keine nennenswerten Bonitätsrisiken. Sie liegen mit ihren Emissionsrenditen geringfügig über dem durchschnittlichen Kapitalmarktniveau.
Bankschuldverschreibungen: In diese Gruppe fallen Pfandbriefe, Kommunalobligationen, Schuldverschreibungen von Spezialkreditinstituten etc. Sie werden von öffentlich-rechtlichen sowie von privaten Kreditinstituten emittiert. Im Fall von Pfandbriefen wird das eingesammelte Kapital zur Gewährung von Hypothekendarlehen eingesetzt. Mit Kommunalobligationen finanzieren Städte und Gemeinden ihre Infrastrukturmaßnahmen.
Industrieanleihen: Emittenten dieser Wertpapiere sind Industrieunternehmen, die sich auf diesem Wege finanzieren. Am deutschen Rentenmarkt haben Industrieanleihen einen eher schwachen Anteil, da sich die Industrie ihre Mittel – sofern sie überhaupt über Anleihen beschafft werden sollen – vornehmlich über die Euromärkte besorgt. Besonderes Kennzeichen der Industrieanleihe ist die durchschnittlich um 0,5 % höher liegende Rendite.

2. Aktien

Aktien verbriefen Anteile vor allem an Unternehmen der Industrie, aber auch des Handels. Damit repräsentieren Aktien Sachwerte. Wenn sie in dieser Eigenschaft dennoch keinen Schutz gegen die Geldentwertung bieten, wie sich in den begrenzten Inflationen der Nachkriegszeit erwiesen hat, so liegt dies daran, daß der Käufer einer Aktie in der Regel nicht ihren Substanzwert sucht, sondern deren Ertragswert.
Die Gewinne der Unternehmen gehen aber erfahrungsgemäß zurück, wenn sich die Konjunktur ihrem Gipfel nä-

hert. Wenn zu gleicher Zeit auch das Zinsniveau an den Kapitalmärkten steigt, treffen die erhöhten Renditeansprüche der Anleger auf zurückgehende Gewinne. Die Folge sind rückläufige Aktienkurse, während die Konjunktur auf vollen Touren läuft – also in derjenigen Phase, in der auch die Inflation am heftigsten ist. Gerade dann, wenn der Anleger Schutz vor der Geldentwertung in Sachwerten sucht, ist die Aktie nicht wertbeständig. Das bedeutet, Aktienanlagen sind auf keinen Fall Daueranlagen.

Bedeutung der Aktie und der Aktiengesellschaften in der Wirtschaft

Die Produktion und der Absatz hochwertiger Güter erfordern in der Regel sehr hohe Kapitalmengen, die normalerweise weder von einzelnen Personen noch von kleineren Gruppen von Personen bereitgestellt werden können. Dasselbe gilt für die Abwicklung entsprechender Bank- oder Versicherungsgeschäfte.
Die Rechtsform der Aktiengesellschaft (AG), die im Aktiengesetz (AktG) vom 06. 09. 65 geregelt ist, bietet die Möglichkeit, solch große Summen durch die Beteiligung einer großen Zahl von Geldgebern aufzubringen, die lediglich ihre Einlage riskieren. Die Verwaltung dieser großen Betriebe wird Managern übertragen, Männern und Frauen also, die über das dafür notwendige Wissen und Können verfügen, die aber nicht unbedingt an der Gesellschaft finanziell beteiligt sein müssen. Die Urkunde über die Beteiligung an einer Aktiengesellschaft wird somit als Aktie bezeichnet. Ihr Mindestnennwert (dieser Nennwert beziffert den quotenmäßigen Anteil an der Aktiengesellschaft, gibt aber keinen Aufschluß auf den tatsächlichen Wert der Aktie) ist 50 Deutsche Mark. Höhere Beträge müssen auf volle 100 DM lauten. Die Summe des Nennwertes aller Aktien der AG ist das Grundkapital; es muß mindestens 100 000 DM betragen. Die Höhe des Grund-

kapitals einer AG wird durch die Satzung festgelegt. Als Aktionär ist man lediglich zur Leistung der übernommenen Einlage verpflichtet. Jede persönliche Haftung wird ausgeschlossen. Aktien sind Wertpapiere, die an Börsen gehandelt werden, und können als solche veräußert und vererbt werden.

Der Nennwert der Aktien hat eine betriebswirtschaftliche Bedeutung, sagt über den tatsächlichen Wert aber nichts aus und ist somit für den reinen Kapitalanleger ohne nennenswerte Bedeutung. Eine besondere Bedeutung hätte er nur, würde man mit dem Kauf von Aktien einer bestimmten AG ein unternehmerisches Ziel verfolgen, einen Einfluß auf die Geschäftsführung (Vorstand) und damit verbunden auf die Geschäftspolitik dieser Aktiengesellschaft ausüben zu wollen, denn mit dem Kauf erwirbt man gleichzeitig ein Mitbestimmungsrecht in der Hauptversammlung.

Sehr viel interessanter und wichtiger für den Kapitalanleger ist der Kurswert der Aktie. Dieser wird an der Börse ermittelt und richtet sich nach Angebot und Nachfrage des jeweiligen Papiers. Die Spekulation des Kapitalanlegers zielt – im Normalfall – darauf ab, Aktien zu einem günstigen Kurswert einzukaufen und sie später zu einem erhöhten Kurs zu verkaufen. Ein solcher Kursgewinn kann sehr hoch sein, wenn der Anleger auf Aktien gesetzt hat, die im Kurs rasch und nachhaltig ansteigen. Genausogut können aber Verluste in beträchtlicher Höhe entstehen, wenn der Kurs entgegen den Erwartungen nicht ansteigt, sondern fällt.

Anders als bei den festverzinslichen Wertpapieren verhält es sich bei der Aktienanlage mit der Berechnung oder der Erwartung der Rendite. Der festgeschriebene Zinssatz fällt bei der Aktie weg. Zwar ist der Aktieninhaber am Gewinn der betreffenden Aktiengesellschaft beteiligt und erhält eine entsprechende Dividende, die Höhe dieser Dividende richtet sich jedoch immer nach der Höhe des erziel-

ten Gewinns der Gesellschaft. So kann es natürlich vorkommen, daß überhaupt keine Dividende an die Aktionäre gezahlt wird, wenn die Gesellschaft Verluste erzielt oder sich von einer Verlustphase gerade erholt und die mageren Gewinne zur Stärkung der Kapitalrücklagen einbehält.
Der einzig lohnende Gewinn bei der Aktienanlage ist der Kursgewinn, auf den spekuliert wird. Es liegt sicherlich auf der Hand, daß in unserer heutigen Zeit mit besonderer Sorgfalt vorgegangen werden muß, wenn in Aktien angelegt und auf gute Kursgewinne gehofft wird. Sehr viele Faktoren spielen eine nicht unwichtige Rolle bei der Entwicklung der Aktienkurse. Dies können allgemein politische oder wirtschaftliche Rahmendaten sein oder auch spezifische Unternehmens- und Branchenkennzahlen. Um das Risiko zu begrenzen und die Gewinne möglichst profitabel zu gestalten, gibt es eine Reihe von Vorkehrungsmaßnahmen, die auf diesem Gebiet versierte Fachleute treffen.

Aktienanlage mit begrenztem Risiko

Um am Aktienmarkt nicht zum falschen Zeitpunkt zu kaufen oder zu verkaufen, gibt es eine Vielzahl von Möglichkeiten. Man kann die Börse natürlich als ein Glücksspiel – vergleichbar mit dem Roulette – betrachten und sich als Spieler verhalten. Das würde bedeuten, daß man sich nur auf sein Glück verläßt und Kauf-, Verkauf- sowie Auswahlentscheidungen vom Zufall getroffen werden. Wenn man sich aber die Mühe macht und die Verhaltensweise der Börse über längere Zeit verfolgt, so kann man feststellen, daß das Auf und Ab der Kurse über Jahre hinweg einen gewissen Zusammenhang mit den wirtschaftlichen Hintergründen des jeweils betrachteten Unternehmens bzw. der Volkswirtschaft hat. Diese Erkenntnis über die Zusammenhänge von wirtschaftlichen Gegebenheiten und

die sie begleitenden Kursveränderungen einer Aktie ist Gegenstand zweier unterschiedlicher methodischer Ansätze, der Finanzanalyse und der Marktanalyse.
Die Finanzanalyse versucht, durch eine genaue betriebswirtschaftliche Prüfung des betreffenden Unternehmens einen Bezug zwischen tatsächlichem Wert des Unternehmens und dem Wert der Aktie (Börsenkurs) herzustellen und danach eine Kaufempfehlung auszusprechen.
Die Marktanalyse hingegen versucht, statistische Zusammenhänge zwischen volkswirtschaftlichen Größen und Börsenkursen für die Prognose der Kurse auszunutzen.
Grundsätzlich sollte aber klargestellt werden, daß immer eine Vielzahl von Fakten zu berücksichtigen ist, die niemals alle eindeutig Kauf oder Verkauf signalisieren können. Es werden immer einige in die eine und einige in die andere Richtung deuten. Die Analyse sollte immer dem Aufbau eines Mosaiks gleichen, das sich aus vielen, teilweise unscheinbaren einzelnen Stückchen zusammensetzt.

Wichtige Merkmale von Aktien als Anlagemedium

Wenn man zurückblickt und die verschiedenen Anlagemedien statistisch betrachtet, so hat sich die Aktie im Hinblick auf Rendite und zuwachsorientierte Geldanlage als Top-Medium gegenüber anderen Anlageformen herauskristallisiert. Wer Aktien kauft, erwirbt – wie schon ausgeführt – Anteile an einem Unternehmen, an einer Aktiengesellschaft. Er ist damit am Erfolg und am Wachstum »seines« Unternehmens beteiligt.
Die Aktie ist die einzige Anlageform, die dem Anleger eine Rendite ermöglicht, die deutlich über dem aktuellen Kapitalmarktzins liegen kann. Wichtigstes Kriterium hierbei ist der Kursgewinn, der die Rendite – längerfristig betrachtet – auf über 20 % pro Jahr festsetzen kann. Um solche Renditen zu erzielen, ist es notwendig, daß der Anleger – sofern er sein Engagement selbst in die Hand

nimmt – sich ein spezielles Know-how aneignet. Sehr wichtig dabei ist, den optimalen Zeitpunkt zum Kauf zu erwischen. Der Anleger sollte seine Entscheidungen daher mehr auf klare Fakten stützen als auf momentane Emotionen. Cool bleiben hat sich im Hinblick auf Gewinne schon immer als richtige Entscheidung erwiesen.
Es gab einmal einen sehr bekannten Börsianer, der riet jedem, der es hören wollte, sich an der Börse »christlich« zu verhalten: »Gib, wenn andere nehmen wollen, und nimm, wenn andere geben wollen!« In der Praxis der Börse würde das bedeuten, zu kaufen, wenn alle anderen verkaufen wollen (»Baisse«), und zu verkaufen, wenn die Mehrzahl der Börsianer kaufen wollen (»Hausse«). Die allerwichtigsten Entscheidungskriterien beim Investment in Aktien sind:

- Wann soll man kaufen?
- Wann soll man und wie lange halten?
- Wann soll man verkaufen?

Für alle drei Kriterien gibt es gewisse Indikatoren, die dem einzelnen Anleger bei seiner Entscheidung helfen.

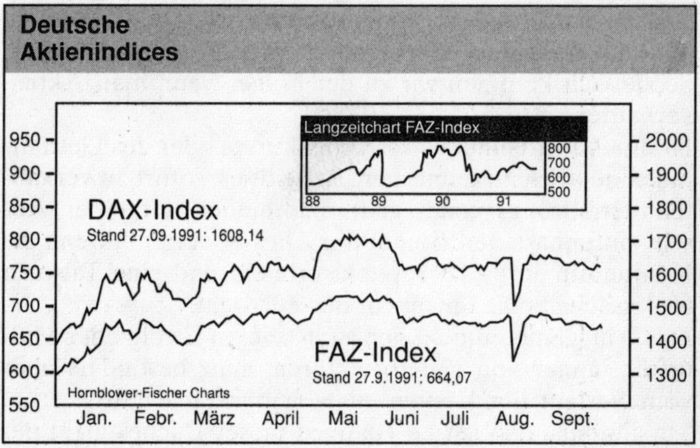

Erörtern wir zuerst die Frage, wann man kaufen soll. Die längerfristige Betrachtung der Konjunkturentwicklung zeigt deutlich regelmäßige Entsprechungen bei der Kursentwicklung von Aktien. Da die Aktien aber in aller Regel dem Konjunkturverlauf vorauseilen, hilft diese gegenseitige Abhängigkeit bei Anlageentscheidungen nicht konkret weiter. Genauer liegt der Anleger hier bei der Betrachtung der Geschäftserwartung der Industrieproduktion. Hier ergibt sich ein nahezu paralleler Ablauf von Geschäftserwartung und Aktienkursen.
Als brauchbarer Vorausanzeiger der Entwicklung der Aktienkurse zeigt sich auch die Geldmengen-Veränderung. Grundsätzlich ist davon auszugehen, daß der Anleger stets dann kaufen sollte, wenn die Prognosen auf einen Konjunkturaufschwung hinweisen.
Ähnlich sollte man handeln bei der Frage, wann und wie lange man halten soll. Eine der wichtigsten Grundregeln für die Aktienanlage lautet: Gewinne laufen lassen. Diese Regel basiert auf der Erkenntnis, daß die Aktienkurse in ihrer Gesamtheit wellenförmig auf und ab verlaufen und nur selten nervöse Zickzacklinien aufweisen. Man sollte auf alle Fälle Aktien, die eine steigende Tendenz aufweisen, so lange halten, bis ihre Kurse den »Gipfelpunkt« deutlich überschritten haben.
Schließlich kommen wir zu der Frage, wann man Aktien verkaufen soll.
Ist die Abwärtslinie eines Aktienkurses oder des Gesamtindex deutlich auszumachen, so heißt es, sofort zu verkaufen. Erfahrungsgemäß geht dies einher mit einer Abschwungsphase der Konjunktur. Dies ist der Fall, wenn die Konjunktur ihren Höhepunkt erreicht und eine Talsohle als logische Folge davon vor der Tür steht.
Das Anlagemedium Aktien ist in seinem Erfolg oder Mißerfolg immer von vielen Faktoren, ganz besonders aber vom Verlauf der Konjunktur abhängig. Ich bitte Sie um Verständnis, daß ich im Rahmen dieses Buches nicht de-

tailliert auf die Aktie als Anlage eingehen kann. Ich empfehle Ihnen daher, sich bei einem geplanten Engagement in Aktien auf den Rat eines Fachmannes zu verlassen. Ein solcher Fachmann ist zum Beispiel der Anlageberater Ihrer Hausbank oder ein freier, unabhängiger Vermögensberater. Diese Leute kennen alle Tricks und verfügen über das notwendige Wissen, um mit Aktien annehmbare Renditen zu erzielen.

3. Immobilien

Die Geschichte der stabilen Kapitalanlagen ist auch eine Geschichte der Immobilien. Auch in Zukunft werden substanz- und ertragstarke Immobilien eine besonders sichere und gut rentierliche Kapitalanlage sein. Sehr viele große Vermögen wurden über Immobilien erworben. Als Beispiel darf ich hier die Frankfurter Innenstadt anführen. Wer hier Grund und Boden oder Gebäude besessen hat oder besitzt, der hat mit Sicherheit eine Monopolstellung: Je mehr Bedeutung dieser Stadt als Bankenzentrum zukommt, desto höhere Preise werden für jeden Quadratmeter Bürofläche oder Bauland der Innenstadt bezahlt. Denn für immer mehr Banken aus dem In- und Ausland wird es zum Muß, sich in der Main-Metropole anzusiedeln.

Langfristiger Schutz gegen Geldentwertung

Seit Jahrzehnten gilt das Immobilieneigentum als Sachwert zu Recht als Inflationsschutz. Es hat sich in dieser Hinsicht auch nach zwei Weltkriegen bewährt und empfohlen. Natürlich kann es auch vorübergehend einmal zu sinkenden Immobilienpreisen kommen. Dies ist in der Regel aber nur kurzfristig der Fall. Auf mittlere und vor allem auf längere Sicht gesehen, erkennt man, daß die Geldentwertung die Immobilienpreise regelrecht nach oben zieht.

Die Preise gebrauchter Immobilien entwickeln sich prinzipiell parallel zu den Grundstücks- und Neubaukosten. Diese steigen seit Jahrzehnten doppelt so schnell wie die allgemeinen Lebenshaltungskosten. Daher empfiehlt sich die Immobilie immer wieder als Inflationsschutz, jedenfalls solange die Bevölkerungszahl nicht schrumpft.
Steigen die Zinsen an den Kapitalmärkten, so bewegen sich auch die Renditen anderer Kapitalanlagemedien nach oben. Folglich werden dann auch die Ansprüche höher, die man an die Renditen der Immobilienanlage stellt. Solange die Barüberschüsse gleichbleiben, ist eine Anpassung an die Renditeanforderungen des Marktes nur über sinkende Grundstückspreise vollziehbar. Lassen sich aber die Barüberschüsse durch höhere Mieteinnahmen steigern, bleiben die Preise gleich oder ziehen sogar noch an.

Die laufende Rendite gewinnt keinen Blumentopf

Vergleicht man die laufenden Erträge aus festverzinslichen Wertpapieren oder die Dividendenerträge aus Aktien mit den laufenden Erträgen aus Immobilien, so scheinen letztere sehr niedrig. Im Prinzip ist das auch richtig und wird sich in den nächsten Jahren kaum ändern. Ganz im Gegenteil, im Bereich der Gewerbebauten sorgt die starke Nachfrage potenter Anleger aus dem In- und Ausland für noch höhere Preise. Die meisten institutionellen Anleger kaufen die Immobilie nicht wegen der laufenden Barüberschüsse aus den Mieteinnahmen, sondern suchen die Rentabilität ihres Engagements in der Wertsteigerung, die sie beim Wiederverkauf erzielen können.
Noch unbefriedigender waren bisher die Renditen von Wohnbauten. Der laufende Zugang von Sozialwohnungen mit staatlich subventionierten Mieten drückt auf das Mietniveau der ohne Subventionen finanzierten Häuser. Deren Eigentümern wird darüber hinaus noch die Durchsetzung von Mietpreiserhöhungen erschwert. Jahrzehntelang wa-

ren daher Wohnbauten als Kapitalanlage ungeeignet. Das Ergebnis dieser Eingriffe in die Marktbildung war eine Unterversorgung mit Wohnraum Ende der achtziger Jahre, die dann zur Mietexplosion bei den Wohnungen führte, deren Vermieter nicht per Gesetz gebunden waren. Seit dieser Zeit versprechen sich viele Privateigentümer vermieteter Wohnungen, im Laufe der Jahre zu befriedigenden Renditen zu gelangen. Nicht ganz so optimistische Erwartungen äußern Wohnungsbaugesellschaften und institutionelle Anleger wie beispielsweise Versicherungen.

Der Verkaufsgewinn ist maßgeblich für die Rendite

Für Investoren, die gewerblich genutzte Bauten ihr eigen nennen, geht die Rechnung jedoch auf, wenn sie zur richtigen Zeit kaufen oder verkaufen. Das Erzielen von annehmbaren Renditen bei Immobilien ist daher ähnlich wie beim Investment in Aktien. Ein ständiger Anstieg der Immobilienpreise an nahezu allen Standorten der Bundesrepublik ist daher vorprogrammiert. Ein wichtiger Faktor dabei ist: Innerhalb der Europäischen Gemeinschaft liegen weite Teile des Bundesgebietes in der Hauptwachstumszone. Bei einem zügigen Fortschreiten der Ost-West-Kontakte verlieren zukünftig auch die östlich gelegenen Teile der Bundesrepublik ihre Randlage und werden als Standort attraktiv.
Wie lange der Mangel an Wohnungen anhält und damit ein Anstieg der Mieten gesichert ist, wird die Zukunft zeigen. Eine nicht unbedeutende Rolle dabei spielen unter anderem auch die Aussiedler aus den europäischen Ländern sowie die Einwanderung nichtdeutscher Asylanten. Diese Faktoren sprechen dafür, daß Wohnimmobilien ebenso wie gewerblich genutzte über ihren Wertzuwachs befriedigende Anlageergebnisse erzielen lassen. Denn immer höhere Einwohnerzahlen in der Bundesrepublik führen nicht nur zu einem höheren Bedarf an Wohnraum, sondern er-

höhen ebenso den Bedarf an Büros, Gewerberäumen und Ladenflächen sowie Freizeiteinrichtungen, Hotels etc. Diese steigende Nachfrage zieht Mieterhöhungen nach sich. Dadurch steigen die betreffenden Gebäude im Wert; mit Bauland verhält es sich ebenso.

Bei Immobilien droht Vermögensverzehr

Ein wesentliches Merkmal des Immobilieneigentums sollte jedoch nicht übersehen werden: Aufgrund der Alterung jedes Gebäudes findet ein anhaltender Vermögensverzehr statt. Dieser vollzieht sich je nach wirtschaftlicher Lebensdauer des Gebäudetyps entweder schneller oder langsamer, in jedem Falle aber unaufhaltsam.
Die Tatsache des Vermögensverzehrs wird während der Phase der Hypothekentilgung durch den Umstand überdeckt, daß mit jeder Tilgungsrate dem Eigentümer ein größerer Eigentumsanteil an dem Grundstück zuwächst. Das bestätigt die besondere Eignung des Immobilieneigentums für die Erzielung von Altersrenten. Ganz gleich, ob durch Bau oder Kauf: Man erwirbt das Eigentum während der Jahrzehnte des höchsten Arbeitseinkommens unter Aufnahme von Verbindlichkeiten als Baudarlehen. Solche Schulden tilgt man während dieser Lebensperiode, und zwar mit von Jahr zu Jahr stärker entwertetem Geld. Gleichzeitig erhöht sich der Wert des Grundstücks – mindestens nominell in Geldwert gerechnet. Mit Eintritt in das Rentenalter sind in aller Regel die Baudarlehen zum überwiegenden Teil oder auch vollständig getilgt. Dann folgt die Phase des Vermögensverzehrs.
Das nun vollständige Grundeigentum verliert Jahr für Jahr an absolutem Wert. Die Mietüberschüsse, die auch die Abschreibungen enthalten, werden zur Bestreitung des Lebensunterhaltes verwendet. Ist die wirtschaftliche Nutzungsdauer eines Gebäudes abgelaufen, so ist der Wert des Grundstücks auf den Baulandwert desselben, abzüglich

Abbruchkosten der daraufstehenden Gebäude, zuzüglich aller Anlagen, die weiter nutzbar sind, zusammengeschmolzen.

Für Privatanleger nur bedingt empfehlenswert

Es muß an dieser Stelle ganz klar differenziert werden: In diesem Kapitel geht es um die Immobilie als reine Kapitalanlage. Der Sinn und Zweck eines eigenen Hauses oder einer Wohnung steht auf einem ganz anderen Blatt.
Für die reine Kapitalanlage sollten Sie eine Immobilie immer mit Vorsicht genießen. Lassen Sie sich vor allem nicht von dubiosen Vertretern auf dem Papier reich rechnen. Wer mit Immobilien eine gute Rendite erzielen möchte, der braucht ein spezielles Wissen, ähnlich wie bei der Anlage in Aktien, um keinen finanziellen Schiffbruch zu erleiden. Die einzige lukrative Anlage für den Privatanleger, die überdies auch am sichersten ist, stellen »offene Immobilienfonds« dar. Ohne dem folgenden Kapitel über Investmentfonds vorgreifen zu wollen, empfehle ich Ihnen diese Anlageform wärmstens. Die Fonds (worum es sich dabei handelt, erklärt das folgende Kapitel) legen zum Beispiel sämtliche Abschreibungen auf ihren Gebäudebestand in neuen Immobilien an. Damit bleibt die Gebäudesubstanz pro Anteil bzw. Zertifikat der Menge nach ständig gleich. Sinken allerdings die Grundstücke im allgemeinen Wert, so vermindert sich auch der Substanzwert der Fonds pro Anteil. Umgekehrt führt eine Höherbewertung am Grundstücksmarkt zur Substanzerhöhung des Anteilswertes.
Offene Immobilienfonds ermöglichen als einzige Form des Immobilieninvestments auch dem Privatanleger mit weniger Kapital die gleichen Renditechancen wie großen institutionellen Anlegern mit ihren Direktengagements.

Selbstgenutztes Immobilieneigentum ist immer zu empfehlen

Als absolut problemloses Immobilieneigentum erweisen sich das selbstgenutzte Eigenheim oder die selbstgenutzte Eigentumswohnung. Hier besteht keinerlei Mietausfallrisiko. Als zusätzliche »Rendite« gewinnt man den Vorteil, sein eigener Hausherr zu sein. Der Vermögensverzehr macht sich hier nur in der Form bemerkbar, daß das betreffende Gebäude im Laufe der Jahre immer reparaturanfälliger wird.
Beim Ortswechsel hat man meistens kaum Schwierigkeiten, jedenfalls bei Eigenheimen, zu günstigen Bedingungen Nachfolgekäufer zu finden. Man sollte sich also nicht vom Erwerb aus der Überlegung heraus abhalten lassen, daß man im Laufe seines Lebens seinen Wohnort wechseln möchte oder muß.
In Fachkreisen galt und gilt die Anlage in Immobilien als die Sicherheitsanlage schlechthin. Auch für den Privatanleger kann dieses Medium sehr interessant sein, vorausgesetzt, man geht richtig damit um. Ich empfehle Ihnen, vor einem Engagement in Immobilien – sofern es sich um eine Direktanlage handelt, Sie also ein Gebäude oder ein Grundstück direkt erwerben wollen – unbedingt den Rat eines seriösen und erfahrenen Anlageberaters einzuholen. Oder kaufen Sie Anteile von offenen Immobilienfonds – damit liegen Sie in jedem Falle richtig.

4. Investmentfonds

Die Idee des Investmentfonds entstand vor ca. 80 Jahren in Schottland und trat von dort aus ihren Siegeszug unaufhaltsam an. Diese Idee ist im Grunde sehr einfach. Hat der einzelne Anleger zuwenig Geld, um eine gewisse Risikostreuung zu realisieren, so schließt er sich mit anderen

gleichgesinnten Anlegern zusammen, und diese Gemeinschaft legt ihr Geld in einen großen Topf. Mit dem gesammelten Vermögen dieses Topfes werden dann verschiedene Investments getätigt. Jedem Anleger gehört entsprechend seiner Einlage ein Teil des Gesamtvermögens. Mit den zusammengefaßten größeren Beträgen merken die Anleger auch schnell, daß sie wesentlich bessere Konditionen erzielen können als mit den bisher angelegten kleinen Einzelbeträgen. So entstand die Idee der Investmentfonds.
Die Grundidee dieses Anlagemediums ist denkbar einfach: Die Investmentgesellschaft bildet aus bestimmten Wertpapieren einen Fonds. Die Auswahl dieser Papiere erfolgt nach dem Prinzip der gesunden Mischung. Das bedeutet: Sie sollen sich hinsichtlich der Ertragschancen und eventuellen Risiken so ergänzen, daß der Anleger gute Erträge bei einem hohen Maß an Sicherheit erzielt. Wertpapiere oder Immobilien und Guthaben, die zu einem Fonds gehören, bilden das Fondsvermögen. Dieses Fondsvermögen stückelt die Investmentgesellschaft in viele kleine Anteile und gibt darüber Anteilsscheine – auch Zertifikate genannt – aus. Ein Investmentfonds ist also – wenn Sie so wollen – nichts anderes als eine Anlegergemeinschaft. Jeder einzelne Anleger, der nicht genügend finanzielle Mittel aufbringen kann, um ein geld- oder zeitaufwendiges Einzeldepot zu unterhalten, legt sein Geld mit anderen gemeinsam in den Fonds. Alle Beiträge zusammengefaßt, besitzt diese Anlegergemeinschaft dann genügend Mittel, um ein interessantes sog. Wertpapier- oder auch Immobilienportefeuille zu unterhalten. Mit dem Kauf eines Investment-Zertifikats erwerben Sie folglich einen bestimmten Anteil am Fondsvermögen: an den Aktien, festverzinslichen Wertpapieren, Immobilien, Optionsscheinen und Guthaben, die sich im Fonds befinden.
Beispiel: Wenn sich im Fondsvermögen Aktien von 50 deutschen Aktiengesellschaften befinden – darunter zum Beispiel Siemens, Daimler Benz, VW, Lufthansa, Deut-

sche Bank, Mannesmann, Bayer, BASF, RWE, Hoechst –, so sind Sie an all diesen Unternehmen beteiligt, an deren Vermögen und deren Erträgen. Damit haben Sie als Anleger die wichtigsten Kriterien der Kapitalanlage erfüllt. Sie sind an einem Portefeuille beteiligt, das genug Geld aufbringen kann, um breit gestreut zu investieren und so das Vermögen auf möglichst viele Ertragssäulen zu stellen. Die jeweiligen Fondsmanager der Investmentgesellschaften sind erfahrene Finanzmarkt- und Börsenspezialisten. Sie verwalten vollverantwortlich das Vermögen ihrer Fonds. Kompetenz und Fachwissen für die Recherche sowie die Anlageentscheidung sind also vorhanden. Ebenso eine voll verläßliche Verwaltung des Fondsvermögens.
Investmentfonds erschließen Ihnen die gleiche Möglichkeit, Ihr Geld breit gestreut arbeiten zu lassen, die vielfältigen Chancen der Wertpapier- oder Immobilienanlage im Inland wie im Ausland zu nutzen und zugleich die Risiken zu begrenzen, wie sie ein Großanleger mit Direktanlagen genießen kann. Eine solch breite Streuung des Kapitals nennt man die »Methode der Millionäre« (um sie bei einer Direktanlage zu erreichen, müßten Sie enormes Kapital einsetzen). Außerdem entscheiden Sie ganz allein, wo Ihr Geld arbeiten soll, indem Sie den entsprechenden Fonds auswählen. Alles andere – Anlagestrategie, Kauf, Verkauf, Verwaltung und Verwahrung – erledigen erfahrene Wertpapier- und Börsenspezialisten der Investmentgesellschaft für Sie!

Grundsätze der Investmentanlage

Da bei der Geldanlage in Investmentfonds eine Investmentgesellschaft fremdes Geld verwaltet, muß dies verständlicherweise mit besonderer Vorsicht und Kontrolle geschehen. Aus diesem Grund gelten für die Anlagen in Investmentfonds strenge gesetzliche Bestimmungen.
Rechtliche Grundlagen: Investmentgesellschaften werden

vom Gesetzgeber als Kapitalanlagegesellschaften bezeichnet; für sie gilt das Gesetz über Kapitalanlagegesellschaften (KAGG) in seiner revidierten Fassung vom 01. Januar 1987. Ihrer Natur nach sind Investmentgesellschaften Kreditinstitute (§ 2 KAGG). Somit haben auch die gesetzlichen Vorschriften für Kreditinstitute hier Gültigkeit. Nach § 1 KAGG sind Kapitalanlagegesellschaften Wirtschaftsunternehmen, »deren Geschäftsbereich darauf gerichtet ist, bei ihnen eingelegtes Geld im eigenen Namen für gemeinschaftliche Rechnung der Einleger nach dem Grundsatz der Risikomischung in Wertpapieren oder Grundstücken sowie Erbbaurechten gesondert vom eigenen Vermögen anzulegen und über die hieraus sich ergebenden Rechte der Einleger (Anteilsinhaber) Urkunden (Anteilsscheine) auszustellen.«

Darüber hinaus gelten noch besondere Vorschriften und Rahmenbedingungen für die anzuschaffenden Vermögenswerte, die mit dem Sondervermögen (das Vermögen, das bei der Gesellschaft eingelegt ist und verwaltet wird) erworben werden.

Als Anleger haben Sie somit beim Erwerb eines Investmentzertifikats die Gewißheit, daß Ihre Anlage staatlich überwacht wird und in Sachen Sicherheit nichts zu wünschen übrig läßt.

Formen der Investmentfonds

Die Investmentgesellschaften bieten heute dem Anleger eine Vielzahl von verschiedenen Fonds an. Je nach Anlageobjekten, denen sich ein Fonds zuwendet, unterscheidet man zwischen den sog. Wertpapierfonds, deren Anlage weitgehend in Wertpapieren (Aktien/festverzinsliche Wertpapiere) erfolgt, und Immobilienfonds, die ihr Sondervermögen überwiegend in Immobilien investieren.

Die Sondervermögen der Wertpapierfonds bestehen weitgehend aus Aktien und/oder festverzinslichen Wertpapie-

ren. Oft wird ergänzend dazu ein geringer Teil in Bankguthaben gehalten, um bei eventueller Rückgabe von Anteilsscheinen oder Ausschüttungen den entsprechenden Gegenwert dem Anleger vergüten zu können. Sehr oft wird auch aus anlagetaktischen Gründen vorübergehend ein größerer Teil des Sondervermögens in »Bargeld« gehalten – sofern dies die Anlagebedingungen zulassen – um gegebene Marktveränderungen z. B. durch größere Zukäufe auszunutzen. Wertpapierfonds haben bei der Anlage ihrer Sondervermögen die Vorschriften des § 8 KAGG strengstens zu beachten.
Neu für die Investmentbranche ist, daß sich nun auch inländische Kapitalanlagegesellschaften in begrenztem Umfange an den deutschen und internationalen Terminmärkten beteiligen dürfen. Als Investment-Zertifikatsinhaber haben Sie damit nun auch die Möglichkeit, von diesen neuen Gestaltungsmöglichkeiten zu profitieren, sofern Sie Anteile eines Wertpapierfonds erwerben, der diese Möglichkeiten auch nutzt.
Erwerben können Sie die Anteile an offenen Wertpapierfonds durch Ihre Hausbank, bei der Investmentgesellschaft selbst oder durch die Vermittlung Dritter.

Immobilienfonds

Immobilienfonds legen Ihr Sondervermögen weitgehend in Haus- und Grundbesitz an. Ergänzend dazu erfolgt die Zwischenanlage von liquiden Mitteln in meist festverzinslichen Wertpapieren oder in Bankguthaben; die Liquiditätsreserve bei Immobilienfonds muß mindestens 5 % des Sondervermögens ausmachen, um die Bedienung der Rückgabe von Anteilen jederzeit gewährleisten zu können. Immobilienfonds werden am Markt als offene und als geschlossene Fonds angeboten. Wie die Wertpapierfonds, so haben auch Immobilienfonds in ihren Vertragsbedingungen einen allgemeinen und einen besonderen Teil. Der

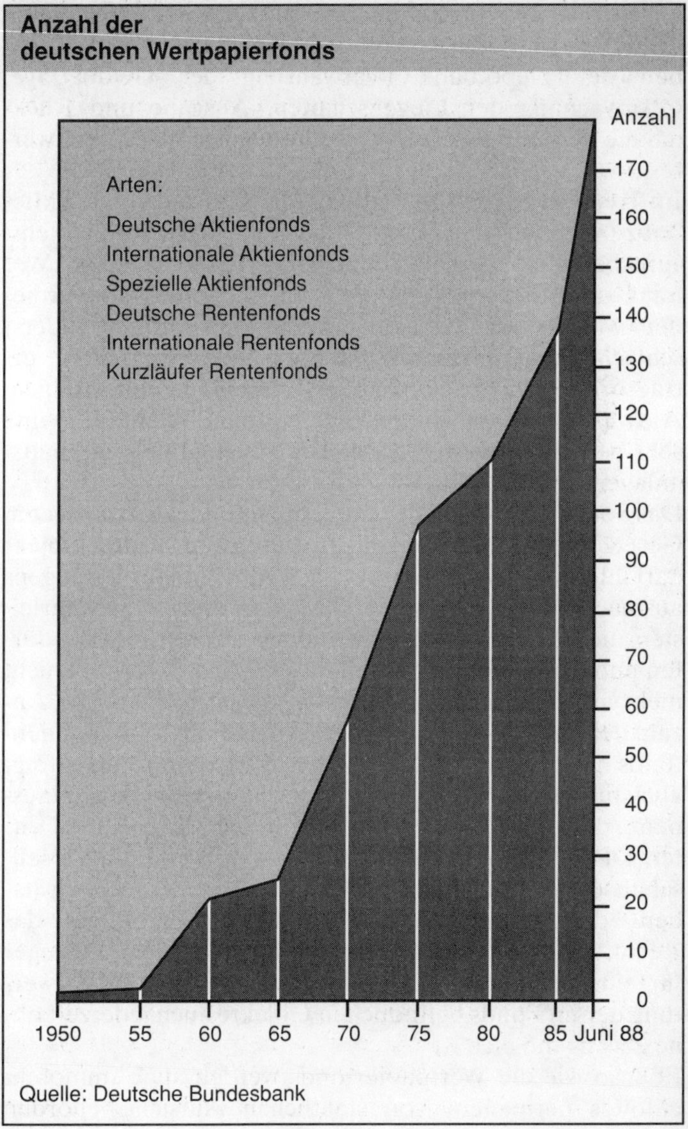
Anzahl der deutschen Wertpapierfonds
Anzahl
Arten:
Deutsche Aktienfonds
Internationale Aktienfonds
Spezielle Aktienfonds
Deutsche Rentenfonds
Internationale Rentenfonds
Kurzläufer Rentenfonds
170
160
150
140
130
120
110
100
90
80
70
60
50
40
30
20
10
0
1950
55
60
65
70
75
80
85
Juni 88
Quelle: Deutsche Bundesbank

allgemeine Teil regelt die grundsätzlichen Zielsetzungen des Fonds (z. B. die Anlage in Grundstücken), die Aufgaben der Depotbank (Verwahrung der Geldbeträge, Überwachung der Liegenschaften, Ausgabe und Rücknahme der Anteilsscheine, Ermittlung des Investmentwertes usw.).

Im Trend ist bei den Immobilienfonds mit steigenden Mieten zu rechnen, und damit ist auch die Basis für eine entsprechende Anpassung der Ertragswerte gegeben. Wer mit Grundstücksspekulationen eine schnelle Mark verdienen will, ist mit Anteilen an Immobilienfonds äußerst schlecht beraten. Suchen Sie aber eine sehr sichere, ertragsorientierte Sachanlage in Immobilien mit stetigem Aufwärtstrend, so finden Sie im Immobilienfonds eine sehr bemerkenswerte Alternative zu anderen Sicherheitsanlagen.

Das Sondervermögen der Immobilienfonds muß nach dem Gesetz mindestens 10 Objekte umfassen. Jedes Objekt darf hierbei nicht mehr als 15 % des Sondervermögens ausmachen. Um eine solide Risikostreuung zu gewährleisten und Grundstücksspekulationen auszuschließen, dürfen unbebaute Grundstücke laut § 27 Abs. 2. KAGG nicht mehr als 20 % des Sondervermögens ausmachen. Die Anzahl der ausgegebenen Anteile ist bei offenen Immobilienfonds nicht begrenzt. Wie bei den Wertpapierfonds erfolgt auch hier der Erwerb von Anteilsscheinen bei Ihrer Hausbank, der Gesellschaft selbst oder durch Vermittlung Dritter. Die Anteilsinhaber können generell von der Gesellschaft die Rücknahme der Anteile verlangen, jedoch haben die Immobilien-Kapitalanlagegesellschaften das Recht, die Anteilsrücknahme im Interesse aller Anleger für eine bestimmte Zeit auszusetzen, damit die Verwertung der im Fonds befindlichen Objekte auch jederzeit ohne Zwang möglich ist.

Ebenso wie die Wertpapierfonds werden auch Immobilienfonds permanent von staatlichen Aufsichtsbehörden

Vermögen der BVI-Grundstücksfonds

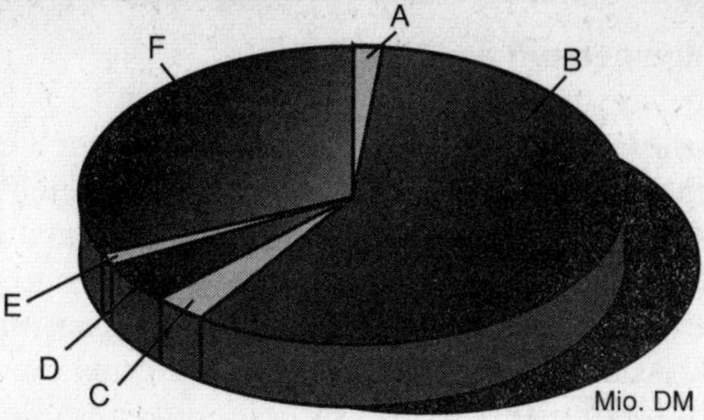

		Mio. DM	%
A	Mietwohngrundstücke	187,9	1,1
B	Geschäftsgrundstücke	9.979,6	58,0
C	Gemischtgenutzte Grundstücke	521,5	3,0
D	Grundstücke im Zustand der Bebauung	808,5	4,7
E	Unbebaute Grundstücke	139,0	0,8
F	Für Ankäufe und Bauvorhaben reservierte Mittel und Liquidität	5.573,8	32,4
	Fondsvermögen insgesamt	17.210,3	100,0

Anmerkung: Die Übersicht weist die absoluten und prozentualen Anteile verschiedener Vermögensarten am gesamten Fondsvermögen aller dem BVI Bundesverband Deutscher Investment-Gesellschaften angeschlossenen Offenen Immobilienfonds (Publikumsfonds und Spezialfonds) am 31.12.1989 aus. Bestehende Verbindlichkeiten wurden mit der Position F saldiert.
Quelle: Eigene Erhebung

überwacht, was die Anlagesicherheit und die Seriosität auf alle Fälle sicherstellt.

Das Anlagemedium der 90er Jahre

Für alle diejenigen unter Ihnen, die ihr sauer verdientes Geld nicht nur zurücklegen, sondern ertragreich anlegen wollen, stellt der Investmentfonds als Kapitalanlage das Nonplusultra dar. Die Anlage in Investmentfonds ist eine echte Wertpapieranlage und damit transparent und überschaubar. Außerdem stellen Investmentfonds eine liquide Anlage dar, denn Ihre Anteilsscheine können Sie börsentäglich zum jeweils aktuellen Kurs verkaufen.
Für ein intensiveres Studium dieser modernen Anlageform darf ich auf mein Buch »Investmentfonds – Die Anlageform der 90er Jahre« (Würzburg 1991) hinweisen.

5. Bausparen

Bausparen ist nun keine Kapitalanlageform im klassischen Sinne, sondern eigentlich eher ein Zwecksparen speziell für den Bau oder den Erwerb von Immobilien und Grundstücken sowie für Reparaturmaßnahmen. Durch einen Bausparvertrag gewinnt man in erster Linie das Anrecht auf ein niedrig- und festverzinsliches Baudarlehen. Wenn Sie auch noch zum Empfang der »Wohnungsbauprämie« berechtigt sind, weil Ihre Einkünfte die gesetzlich vorgesehenen Einkommensgrenzen nicht übersteigen, erzielen Sie dadurch einen Ausgleich für die niedrigen Guthabenzinsen während der Ansparzeit.
Höherverdienende, die die Wohnungsbauprämie nicht erhalten, können diesen Nachteil teilweise ausgleichen, wenn sie die Ansparzeiten möglichst kurz halten. Der zweite Weg, die Bausparbeiträge möglichst als Sonderausgaben geltend zu machen, muß sehr sorgfältig geprüft wer-

den, da in vielen Fällen die steuersenkende Wirkung gering ist oder auch ganz ausbleibt. Denn die Höchstbeträge für begrenzt abzugsfähige Sonderausgaben werden durch Versicherungs- und Vorsorgeaufwendungen meist vollkommen ausgeschöpft. Lassen Sie sich am besten von Ihrem Bausparberater eine individuelle Computerberechnung anfertigen. Renommierte Bausparkassen bieten einen solchen Service meist kostenlos an.

Wann einen Bausparvertrag abschließen?

Ein früherer Wohnungsbauminister sagte einmal: »Bausparen ist wie eine Schnellstraße zum Immobilieneigentum.« Das heißt, einen Bausparvertrag sollte nur abschließen, wer später einmal Bedarf für ein günstiges Baudarlehen hat oder anstrebt. Wenn das der Fall ist, sollten Sie auf keinen Fall mit dem Vertragsabschluß mehr warten und sofort mit dem Bausparen beginnen. Besonders für junge Menschen empfiehlt sich der frühe Einstieg in einen Vertrag, auch wenn sich der Bedarf für ein Baudarlehen erst sehr viel später herausstellt.
Obwohl die Vorteile des Bausparens weniger konjunkturabhängig sind als die der eigentlichen Anlageformen, sollte auch der Bausparer einige konjunkturzyklischen Merkmale beachten. Es empfiehlt sich besonders in Zeiten niedriger Zinsen, möglichst hohe Einzahlungen auf einen Bausparvertrag zu tätigen, da die Zinsdifferenz zu anderen Anlagen dann nicht so gravierend ist. Frühe Sondersparleistungen beschleunigen darüber hinaus natürlich auch die Zuteilung des zinsgünstigen Baudarlehens. Für Schnellsparer, die nur etwa 2 bis 3 Jahre von der ersten Einzahlung bis zur Zuteilung warten müssen, ist die Anpassung ihres Bausparverhaltens an den Konjunkturzyklus durchaus möglich und lohnenswert, denn der Zeitraum zwischen Tiefstand und Hochkonjunktur beträgt im Regelfall ebenfalls 2 bis 3 Jahre. Als Schnellsparer sollten Sie

demnach einen entsprechenden Schnellspartarif abschließen – sofern die monatlichen Aufwendungen dafür tragbar sind; diese können ziemlich hoch ausfallen.
In den während der Tilgungszeit folgenden Hochzinsperioden lernen Sie dann den Zinsvorteil des Bauspardarlehens erneut schätzen. Mindestens ebenso wichtig wie das Timing in Anpassung an den Konjunkturverlauf ist die rechtzeitige Einzahlung vor bestimmten Stichtagen. So sollten Ihre Einzahlungen vor den Stichtagen erfolgen, die maßgebend sind für die Berechtigung zum Erhalt der Wohnungsbauprämie oder Steuerermäßigung und für die Berechnung der Zuteilungsanwartschaft. Der Stichtag für die Berechtigung zum Empfang der Wohnungsbauprämie ist der 31. 12. eines jeden Jahres. Stichtage für die Berechnung der Zuteilungsreihenfolge sind bei den meisten Bausparkassen der 30. 09. und der 31. 03. Bei denjenigen Bausparkassen, die die Zuteilungsreihenfolge, wie aus den Bausparbedingungen immer ersichtlich ist, an jedem Quartalsende berechnen, ist die Terminstellung 30. 09. nur im Hinblick auf eine Steigerung der Bewertungszahl für die Zuteilung wichtig.

Dauer eines Bausparvertrags

Einen einmal abgeschlossenen Bausparvertrag sollten Sie sehr flott, also mit Einzahlungen in einer Höhe, die mindestens den vollen Wohnungsbauprämienanspruch oder die voraussichtliche Steuerermäßigung als Sonderabgaben sichern, bis zur Zuteilungsreife durchsparen. Jeder vorzeitige Abbruch bringt Ihnen als Bausparer enorme Nachteile. Sie büßen die Abschlußgebühren ein sowie Kontoführungsgebühren und haben Zinsen verloren. Wenn Sie – aus welchen Gründen auch immer – keine Verwendung für ein Baudarlehen haben, können Sie nach Zuteilung und Ablauf der Bindungsfristen Ihren Darlehensanspruch auch an andere Baulustige verkaufen. Für eine solche

Übertragung muß allerdings Ihre Bausparkasse ihre Zustimmung erteilen.

Wahl der richtigen Bausparkasse

Wie bei allen anderen Finanzdienstleistungsprodukten wird der Interessent auch beim Bausparen vom massenhaften Angebot der verschiedenen Bausparkassen nahezu erdrückt. Ich möchte hier keine Werbung betreiben und die eine oder andere Bausparkasse empfehlen und bitte um Verständnis, wenn ich meine Ausführungen auf Allgemeinheiten beschränke.
Zu unterscheiden sind auf der einen Seite die öffentlichen Bausparkassen, so zum Beispiel die Landesbausparkassen, und auf der anderen Seite die privatrechtlichen Bausparunternehmen. Die öffentlichen Bausparkassen arbeiten nur länderweise bzw. gebietsweise. Allerdings ist bei einem Wohnortswechsel die Übertragung des Bausparvertrages auf die im neuen Wohnsitzland ansässige öffentliche Bausparkasse möglich. Die privatrechtlichen Bausparunternehmen arbeiten vorwiegend überregional. Im Zuge der Allfinanz-Hysterie der letzten Jahre hat sich auch auf dem Bausparmarkt sehr viel getan. Viele der namhaften deutschen Großbanken gründeten eigene Bausparunternehmen (z. B. Deutsche Bank Bauspar AG, Deutsche Bank; Dresdner Bauspar AG, Dresdner Bank), beteiligten sich an solchen (Heimstatt Bausparkasse/Hypo Bank) oder gingen Kooperationsverträge ein (Commerzbank/Leonberger Bausparkasse). Ebenso bietet Ihnen heute jeder Versicherungsagent Bausparverträge an. Einige Bausparunternehmen haben sich auch auf den Direktvertrieb spezialisiert, so z. B. die Mainzer Bausparkasse.
Die Auswahl der für Sie richtigen Bausparkasse sollten Sie mehr von Ihren eigenen Wünschen und Vorstellungen abhängig machen als von dem massiven Werben Ihrer Hausbank oder Ihres Versicherungsagenten. Wenn Sie z. B. später

einmal schwierige Finanzierungsfragen lösen müssen oder eine ziemlich hohe Beleihung Ihres Grundeigentums auf Sie zukommt, so sollten Sie in diesem Falle eine Bausparkasse wählen, die der finanzierenden Bank nahesteht. In diesem Falle wäre nun der Rat Ihres Hausbankberaters angebracht.
Streben Sie eine möglichst zinsgünstige Beleihung durch eine Lebensversicherung an, so sollte die Bausparkasse ausgewählt werden, die mit dem Versicherungsunternehmen zusammenarbeitet, bei dem Sie Ihre Lebensversicherung laufen haben. Besteht noch kein Vertragsverhältnis zu einer Versicherung, so ist es ratsam, ein Versicherungsunternehmen zu wählen, das gleichzeitig eine Bausparkasse betreibt. Denn ein doppeltes Sparen auf einen Lebensversicherungsvertrag und einen Bausparvertrag führt besonders schnell zum benötigten Darlehen.
Vor allem sollten Sie immer auf die günstigsten Bausparbedingungen achten, die meist nur in Verträgen mit der Kombination 4,5 % Darlehenszinssatz/2,5 % Guthabenzins zum Tragen kommen. Diese Zinskombination wird von den meisten Bausparkassen neben der Kombination 5 % Darlehenszins/3 % Guthabenzins am häufigsten angeboten. Am niedrigen Darlehenszinssatz von 4,5 % kann man aber wesentlich mehr sparen, als man am höheren Guthabenzins gewinnen kann.
Bei den Sondervertragsformen für Schnellsparer muß die Ansparsumme 50 % betragen, so daß das Baudarlehen nur 50 % anstatt 60 % der Bausparsumme erreicht. Der 50-%-Tarif einiger Bausparkassen hat folgende Besonderheit, die vor Schwierigkeiten bewahrt: Der Anspruch auf das Bauspardarlehen beträgt stets 50 % der Bausparsumme, unabhängig davon, wie hoch die Ansparsumme ist. Ein weiterer Vorteil dieser Tarife ist die schnellere Zuteilung gegenüber den vergleichbaren 40-%-Anspartarifen.
Das Bausparziel, möglichst frühzeitig Baugeld zu erhalten, kann besonders schnell durch die Aufnahme von Bankvorausdarlehen erreicht werden. Der andere und billigere

Weg ist, eine Bausparkasse und eine Vertragsart zu wählen, bei der man mit besonders kurzer Wartezeit rechnen kann. Die Bereitschaft der Bausparkassen oder der mit ihnen zusammenarbeitenden Kreditinstitute zur Herausgabe von Bankvorausdarlehen bei Abschluß oder Teilabschluß eines Bausparvertrages wechselt mit der Lage am Kapitalmarkt. Bei hoher Liquidität nutzen die Kassen selbst oder die mit Ihnen verbundenen Banken oder Versicherungsgesellschaften die Herausgabe von Vorausdarlehen zur Gewinnung neuer Bausparkunden.
Das wichtigste Kriterium des ganzen Bausparens ist die Zuteilung des Bausparvertrages. Denn die Zuteilung ist das Bindeglied zwischen der Sparphase und der Darlehensphase. Der Bausparer wird vom Schuldner zum Gläubiger gegenüber dem Kollektiv und führt danach die von diesem erhaltenen Mittel wiederum an das Kollektiv als Kreditnehmer zurück.
Die Zuteilung ist wie folgt zu erklären: Das gesamte Bauspargeschehen entstammt einer im Prinzip sehr einfachen und banalen Idee. Nehmen wir als Beispiel zehn potentielle Häuslebauer, von denen jeder einzelne nicht genug Geld aufbringen kann, um ein Haus für sagen wir 100 000 DM zu bauen. Alle zehn tun sich zusammen und sparen in monatlichen Raten im Kollektiv. Wenn dieser gemeinsame Spartopf 100 000 DM beisammen hat, so bekommt der erste der zehn sein Darlehen zugeteilt. Die Zuteilung des Darlehens ist demzufolge die Bereitstellung der Bausparsumme aus Mitteln der Zuteilungsmasse nach einem besonderen genehmigten Verfahren.
Bevor nun ein Bausparvertrag zugeteilt werden kann, sind bestimmte Mindestbedingungen zu erfüllen. Das erfordert das Kollektiv, um seine Funktionsfähigkeit zu gewährleisten. Diese Mindestbedingungen werden daher nach Maßstäben festgelegt, die dem Kollektivprinzip entsprechen. Für die Erlangung der Zuteilungsanwartschaft ist es erforderlich, daß der Bausparvertrag die Mindestwartezeit je

nach gewähltem Tarif (meist sind dies 18 Monate) erfüllt hat. Je nach Bausparbedingung endet diese kürzeste Wartefrist entweder zum Zuteilungstermin oder aber zum Bewertungsstichtag, der dem Zuteilungstermin vorangeht. Diese Sparzeit muß wenigstens zur Verfügung stehen, um das Mindestsparguthaben aufbringen zu können.
Die Zuteilungsanwartschaft richtet sich außerdem danach, ob ein vertraglich festgelegtes Mindestsparguthaben erreicht ist oder nicht. Die Höhe dieses Mindestsparguthabens ist von Bausparkasse zu Bausparkasse und von Tarif zu Tarif unterschiedlich. Dies kann mindestens 40 % oder auch mindestens 50 % der Bausparsumme betragen. Diese Bedingung muß an dem der Zuteilungsperiode vorangehenden Bewertungsstichtag erfüllt sein. Diese Bedingung hat man meist nach ca. 7 1/2 Jahren erreicht, wenn man seinen Regelsparbeitrag leistet und ein Mindestsparguthaben von 40 % vereinbart wurde. Den Regelsparbeitrag kann Ihnen Ihr Bausparberater genau ausrechnen. Er richtet sich nach der Höhe der Bausparsumme.
Das sogenannte Bewertungsverfahren ist ein spezielles Verfahren – wie der Name schon sagt – zur Bewertung des Sparverhaltens des einzelnen Bausparers. Es soll innerhalb des Kollektivs eine Relation schaffen zwischen den einzelnen Sparern, die sich bekanntlich alle an die Bedingungen ihres Kollektivs halten müssen. Die Bewertung wird bei den regionalen Bausparkassen nach dem System Zeit x Geld durchgeführt. Gewertet wird also die Höhe des Sparaufkommens sowie die Zeitspanne, in der das Sparaufkommen dem Kollektiv zur Verfügung steht. Dazu werden bei den verschiedenen Bausparkassen sehr unterschiedliche Berechnungen vorgenommen, deren Ergebnis die individuelle Bewertungszahl ist. Die Berechnungsformel für diese Bewertungszahl lautet:

$$\frac{\text{Sparguthaben} + (10 \times \text{Zins})}{\text{Regelsparbeitrag}} = \text{B (Bewertungszahl)}$$

Diese Bewertungszahl wird an den sogenannten Bewertungsstichtagen ermittelt. Die Bedeutung dieser Bewertungsstichtage liegt darin, daß die an diesem Tage festgestellten Bewertungszahlen darüber entscheiden, ob die Bausparverträge zugeteilt werden können oder noch nicht. Die Bewertungszahlen werden in Zuteilungslisten aufgenommen und nach der Höhe der Bewertungszahl in absteigender Folge geordnet. Anhand der dann jeweils maßgebenden Zuteilungsmasse wird festgestellt, bis zu welcher Bewertungszahl Zuteilungen ausgesprochen werden können.
Die meisten Bausparkassen sind bereit, unverbindliche Zuteilungserwartungen möglichst zutreffend für einen bestimmten Zeitraum (meist ein halbes Jahr) in Aussicht zu stellen.

Wer berät Sie bei Abschluß eines Bausparvertrages?

Wie ich zu Beginn dieses Kapitels schon kurz erläutert habe, finden Sie heute nahezu in jeder Region spezialisierte Bausparberater. Dies können Mitarbeiter der betreffenden Bausparkasse selbst sein, in Bausparfragen kompetente Versicherungsagenten sowie die Berater der Kreditinstitute. Solche Spezialisten sind über alle Fragen des Prämien- und Steuerrechts unterrichtet oder stellen Ihnen einschlägige Nachschlagewerke zur Verfügung. Seriöse Vertreter der Bausparkassen, Versicherungen oder Banken beraten darüber hinaus auch sehr sachkundig in allgemeinen Fragen der Baufinanzierung oder der Schaffung eigener vier Wände.

Tip: Lassen Sie sich am besten von mehreren Bausparfachleuten eingehend beraten, und vergleichen Sie die Angebote miteinander. So können Sie selbst herausfinden, wer für Ihre Ziele die beste Bausparkasse und was der beste Tarif ist.

Die staatliche Förderung des Bausparens

Das Bausparen wird gegenüber anderen Sparformen vom Staat durch die Gewährung von Bausparprämien und Arbeitnehmersparzulagen sowie durch die Berücksichtigung als Sonderausgaben in der Einkommensteuer begünstigt. Im Einzelfall erfolgt die Förderung aber nicht gleichzeitig, sondern alternativ.

1. Bausparprämien: Die Bausparprämie beträgt seit 1989 10 % der prämienbegünstigten Aufwendungen, und zwar unabhängig davon, wann der Bausparvertrag abgeschlossen wurde. Die Höchstbeträge, bis zu denen Aufwendungen begünstigt sind, betragen für Alleinstehende 800 DM und für Verheiratete 1 600 DM. Ab dem 01. 01. 90 werden Aufwendungen nur noch dann berücksichtigt, soweit die an dieselben Bausparkassen geleisteten Beträge mindestens 100 DM im Sparjahr betragen. Diese Höchstbeträge stehen dem Prämienberechtigten, seinem Ehegatten und den Kindern, die zu Beginn des Sparjahres das 17. Lebensjahr noch nicht vollendet haben oder die im Sparjahr geboren wurden, gemeinsam zu. Die genannten Personen bilden für die Wohnungsbauprämie eine »Höchstbetragsgemeinschaft«. Eigene Bausparverträge der Kinder führen aus diesem Grunde nicht zu höheren Höchstsparbeträgen und erhöhten Prämienzahlungen.

Die Wohnungsbauprämie wird auf Antrag des Sparers von der Bausparkasse beim Finanzamt angefordert. Die Prämie wird durch das Finanzamt zugunsten des Prämienberechtigten an die Bausparkasse überwiesen und dem Bausparguthaben gutgeschrieben. Voraussetzung für die Gewährung der Prämie ist allerdings, daß das zu versteuernde Einkommen des Sparers (bzw. der Ehegatten) bestimmte Grenzen nicht übersteigt. Sie betragen bei Alleinstehenden 27 000 DM und für Ehegatten 54 000 DM.

Das für die Prämienberechtigung maßgebliche zu versteuernde Einkommen darf nicht etwa mit dem Bruttoarbeitslohn gleichgesetzt werden. Zwar ist bei Arbeitnehmern vom Bruttoarbeitslohn (bei Ehegatten, die beide Arbeitnehmer sind, von der Summe der Bruttoarbeitslöhne) auszugehen; doch sind bei der Ermittlung des zu versteuernden Einkommens einerseits auch andere Einkünfte (z. B. Zinsen oder Mieteinkünfte) und andererseits zahlreiche Abzugsmöglichkeiten für Werbungskosten, Sonderausgaben, außergewöhnliche Belastungen, Kinderfreibeträge usw. zu berücksichtigen.

2. Sonderausgabenabzug: Bausparbeiträge sind im Rahmen des Abzugs von Sonderausgaben des zu versteuernden Einkommens als Vorsorgeaufwendungen berücksichtigungsfähig. Allerdings können nur 50 % der Bausparbeiträge berücksichtigt werden. Für den Abzug von Sonderausgaben gelten keine Einkommensgrenzen. Für Bausparer, deren zu versteuerndes Einkommen über den Einkommensgrenzen der Wohnungsbauprämie liegt, stellt der Sonderausgabenabzug die einzige Möglichkeit der Berücksichtigung von Bausparbeiträgen dar, während Bausparer mit niedrigem Einkommen zwischen der Wohnungsbauprämie und dem Sonderausgabenabzug wählen können. Für den Abzug von Vorsorgeaufwendungen gelten allerdings Höchstbeträge; diese werden bei den meisten Arbeitnehmern bereits durch andere Vorsorgeaufwendungen weitgehend ausgeschöpft. So bleibt in der Regel nur wenig Spielraum für die Berücksichtigung von Bausparbeiträgen als Sonderausgaben.

3. Arbeitnehmersparzulage: Wenn auf Antrag eines Arbeitnehmers Bausparbeiträge vom Arbeitgeber direkt an die Bausparkasse gezahlt werden, so sind diese Zahlungen vermögenswirksame Leistungen im Sinne des 5. Vermögensbildungsgesetzes. Sie können nach den Vorschriften dieses Gesetzes mit einer Arbeitnehmersparzulage gefördert werden.

Zur Zeit zahlt der Staat eine Sparzulage von 10 % auf vermögenswirksame Leistungen von 936 DM. Für die Arbeit-

nehmersparzulage gelten die gleichen Einkommensgrenzen wie für die Wohnungsbauprämie.
4. Sperrfrist: Die beschriebenen staatlichen Begünstigungen des Bausparens sollen grundsätzlich zur Förderung der Bildung von Wohneigentum dienen. Aus diesem Grunde müssen sie auch zurückgezahlt werden, wenn die von der Bausparkasse vor Ablauf der Sperrfrist ausgezahlten Bausparmittel nicht unverzüglich und unmittelbar zur Bildung von Wohneigentum verwendet werden. Dazu zählen der Bau und der Erwerb eines Hauses, der Kauf von Bauland, Modernisierungs- und Renovierungsmaßnahmen sowie die Ablösung von Hypothekendarlehen durch Bausparmittel. Von diesem Grundsatz gibt es jedoch zwei Ausnahmen:

- Trotz Verwendung der Bausparverträge innerhalb der Sperrfrist für nicht wohnwirtschaftliche Zwecke gehen die gewährten Begünstigungen nicht verloren bei längerer Arbeitslosigkeit, Erwerbsunfähigkeit und Tod.
- Trotz Verwendung des Bausparguthabens für den Wohnungsbau müssen die Begünstigungen jedoch dann zurückgezahlt werden, wenn das Bausparguthaben vor Zuteilung des Bausparvertrages innerhalb der Sperrfrist ausbezahlt wird.

Nach Ablauf der Sperrfrist müssen die Begünstigungen aber nicht mehr zurückgezahlt werden. Über die Bausparmittel kann ohne Verwendungsbegrenzung verfügt werden.
Ganz entscheidend bei nicht wohnwirtschaftlicher Verwendung ist also die Sperrfrist. Sie beträgt 10 Jahre seit Vertragsabschluß, wenn die geleisteten Beiträge als Sonderausgaben berücksichtigt wurden. Ist auf die Beiträge eine Prämie oder eine Arbeitnehmersparzulage geleistet worden, so beträgt die Sperrfrist bei Verträgen, die vor dem 13. 11. 80 oder nach dem 31. 10. 84 abgeschlossen

wurden, 7 Jahre, bei Verträgen mit anderen Abschlußdaten 10 Jahre.

Vor- und Nachteile des Bausparens

Wie es im Leben nun mal so ist, hat auch das Bausparen einen Haken. Jedem Vorteil stehen Nachteile gegenüber, die in der Bausparkassenwerbung verständlicherweise nicht so stark hervorgehoben werden. So dürfen Sie natürlich nicht erwarten, daß Bausparkassenvertreter ungefragt den Preis des Bausparens nennen, nämlich die Kontoführungs- und Buchungsgebühren und als größere Posten die Abschlußgebühren und die entgangenen Zinsen während der Bausparzeit. Manche Bausparkassen zahlen jedoch die Abschlußgebühr zurück, wenn das Baudarlehen nicht in Anspruch genommen wird. Diese Abschlußgebühren sind von Bausparkasse zu Bausparkasse sowie von Tarif zu Tarif wieder unterschiedlich und betragen in der Regel 1 bis 2 % von der Bausparsumme. Es gibt aber auch Bausparkassen, die sehr aktiv überlegen, zukünftig vielleicht überhaupt keine Abschlußgebühren mehr zu berechnen.
Unter dem Gesichtspunkt der Kapitalanlage schlagen natürlich die entgangenen Zinsen während der Ansparzeit am gewaltigsten zu Buche. Deren Höhe kann aber nur individuell errechnet werden und ist immer abhängig vom aktuellen Zinsniveau auf den Kapitalmärkten. Im Gegensatz dazu steht das – im Verhältnis zu herkömmlichen Hypothekendarlehen – sehr billige Baudarlehen. Bausparen als Zielsparen oder gar als Kapitalanlage sollte wirklich nur gewählt werden, wenn Sie auch den Erwerb oder den Bau eigener vier Wände im Visier haben.

6. Kapitalversicherungen

In diesem Unterkapitel möchte ich ausschließlich auf die Kapital-Lebensversicherungen und ihre Eignung als Kapitalanlage zu sprechen kommen. Auch in diesem Bereich kommt die allgemein aktuelle Allfinanzstrategie vieler Finanzdienstleister wieder zur Geltung; es gibt wohl kaum eine Bank mehr, die über ihre Schalter noch nicht Kapital-Lebensversicherungsverträge anbietet. Nahezu jede Großbank kooperiert mit einem Versicherungsunternehmen in diesem Bereich. Der Branchenprimus Deutsche Bank hat sogar ein eigenes Lebensversicherungsunternehmen gegründet und bietet dem Kunden ein hauseigenes Produkt. Über Sinn und Unsinn dieser Vorgehensweise läßt sich sehr viel diskutieren.

Die primäre Aufgabe einer jeden Versicherung ist der Risikoschutz! Dieser ist zusammen mit der Geldanlage die »Mutter« der privaten Vorsorge. Einen Versicherungsvertrag abzuschließen heißt, sich den Anspruch auf eine Zahlung zu einem bestimmten Ereignis oder Zeitpunkt zu sichern. So ist und bleibt die Lebensversicherung – oder wie sie hier richtiger bezeichnet werden sollte – die Kapitalversicherung eine »Versicherung«. Darüber hinaus hat jedoch die kapitalbildende Lebensversicherung neben der Risikoabsicherung, auf die ich im Kapitel »Versicherungen« detailliert eingehe, auch die Aufgabe, Kapital aufzubauen.

Funktionsweise der Kapital-Lebensversicherung

Wie bei einem Sparprogramm einer Bank oder einem Investmentsparplan sparen Sie auch bei der Kapital-Lebensversicherung, indem Sie an die Versicherungsgesellschaft in vertraglich festgelegten Zyklen (monatlich, vierteljährlich, halbjährlich oder jährlich) bestimmte Beträge, die von der Versicherungsgesellschaft verwaltet und angelegt werden. Der Unterschied zu einem herkömmlichen Sparvertrag ist folgender: Sie vereinbaren von vornherein eine festgelegte Vertragssumme, und die Versicherungsgesellschaft garantiert Ihnen zum einen die Auszahlung dieser Summe bei Todesfall an Ihre Hinterbliebenen, ganz egal, wieviel Sie in Ihren Vertrag eingezahlt haben. Man nennt dies den »Todesfallschutz«. Zum anderen wird in Ihrem Vertrag eine bestimmte Laufzeit festgelegt. Am Ende dieser Laufzeit zahlt Ihnen die Versicherungsgesellschaft dann die vereinbarte Vertragssumme zuzüglich der bis dahin erwirtschafteten Überschußanteile aus. Auf den ersten Blick gesehen – und genau damit argumentieren versierte Versicherungsvertreter –, wäre die Lebensversicherung das Nonplusultra einer Kapitalanlage. Aber auf den zweiten Blick betrachtet, sieht die Rechnung leider etwas anders aus. Für den Todesfallschutz rechnet die Versicherungsgesellschaft teure Risikoprämien, die von Ihren eingezahlten Beiträgen abgezogen werden. Somit fließt nur ein geringer Teil in die reine Anlage, was unter Renditeaspekten betrachtet, die Lebensversicherung wesentlich ungünstiger gegenüber anderen, klassischen Sparformen erscheinen läßt. Der reine Anlagebetrag, der nach Abzug der Risikoprämie übrigbleibt, wird von der Versicherungsgesellschaft nach strengen gesetzlichen Vorschriften angelegt. Daraus erwirtschaften Versicherungsgesellschaften ihre Überschüsse, die Ihnen als Versicherte in Form einer Überschußbeteiligung am Ende der Laufzeit zufließen. Vergleicht man die gesamte Auszahlungssumme (Vertragssumme plus Überschußbeteiligung) mit den Ergebnissen anderer Sparformen, so schneidet die Versicherung auf den ersten Blick gesehen naturgemäß schlechter ab als herkömmliche Anlageformen. Sie sollten aber nicht den Fehler machen und Äpfel mit Birnen vergleichen. Die Kapital-Lebensversicherung hat eine Menge Vorteile, die sie als sinnvolle Anlageform qualifizieren.

Steuervorteile der Kapital-Lebensversicherung

Die Beiträge einer Kapital-Lebensversicherung sind, wenn sie die Voraussetzungen des § 10 EStG erfüllen, Vorsorgeaufwendungen und gehören zu den beschränkt abzugsfähigen Sonderausgaben. Sie können diese Beiträge aber nicht unbegrenzt, sondern, wie der Name schon sagt, nur beschränkt, also nur bis zu einer vom Gesetzgeber bestimmten Grenze vom Gesamtbetrag der Einkünfte absetzen. Wie hoch sie ist und um welchen Betrag sich Ihr zu versteuerndes Einkommen bzw. steuerpflichtiges Einkommen mindert, kann Ihnen Ihr Versicherungsagent genau sagen. Sprechen Sie ihn unbedingt darauf an. Außerdem sollten Sie darauf achten, daß Sie stets eine Mindestvertragsdauer von 12 Jahren vereinbaren. Dies ist in doppelter Hinsicht ratsam:
Begünstigt für die abzugsfähigen Sonderausgaben sind nur Verträge, die diese Mindestlaufzeit einhalten.
Zum anderen kommen bei der Einhaltung der Mindestlaufzeiten noch die Vorteile des § 20 EStG voll zum Tragen. Dieser Paragraph besagt zum Beispiel, daß die Erträge aus Kapital-Lebensversicherungen steuerfrei sind, wenn Sie eben diese Mindestlaufzeit einhalten. Rechnen Sie nun diese beiden Steuervorteile mit hinzu, so sieht die reale Rendite schon ganz anders aus, wenn man bedenkt, daß Sie ja die Zinsen, die Sie auf dem Sparbuch bekommen oder die aus Festgeldern resultieren, voll versteuern müssen. Zu diesen und vergleichbaren festverzinslichen Anlagen ist im langfristigen Bereich die Kapital-Lebensversicherung eine ernst zu nehmende Alternative. Zumindest, wenn man nur die reale Rendite vergleichen will.
Am interessantesten wird jedoch die Kapital-Lebensversicherung als reine Kapitalanlage oder, vielleicht besser gesagt, als Instrument zum sinnvollen und systematischen Vermögensaufbau durch die Ausnutzung der Möglichkeiten einer betrieblichen Altersversorgung.

Betriebliche Altersversorgung zur optimalen Vermögensbildung

Wenn es nach dem Willen unserer Politiker ginge, würde kein Arbeitnehmer im Alter nur auf die gesetzliche Rentenversicherung angewiesen sein, sondern bezöge sein Alterseinkommen aus drei Quellen, der gesetzlichen Rentenversicherung, der betrieblichen Altersversorgung und dem eigenen persönlichen Vermögensaufbau. Dieses Konzept der Dreisäulenversorgung stärkte der Gesetzgeber 1974 mit dem Gesetz zur Verbesserung der betrieblichen Altersversorgung (Betriebsrentengesetz, BetrAVG). Steuerliche Präferenzen sorgen dafür, daß Arbeitgebern die Zusage von Versorgungsleistungen erleichtert wird. Aus dieser Sicht ist die besondere Form der Direktversicherung eine besonders empfehlenswerte Form der Kapital-Lebensversicherung.
Die Direktversicherung ist eine Lebensversicherung des Arbeitgebers auf das Leben des Arbeitnehmers, zu der der Arbeitnehmer bzw. seine Hinterbliebenen ganz oder teilweise bezugsberechtigt sind. Zu unterscheiden ist bei der Direktversicherung zwischen der Variante »Direktversicherung als zusätzliche Arbeitgeberleistung« und der Variante »Direktversicherung durch Gehaltsumwandlung«. Vom Grundsatz her und von der steuerlichen Behandlung gibt es zwischen den beiden Varianten keine Unterschiede. Bei der Direktversicherung als zusätzlicher Arbeitgeberleistung trägt die monatlichen Beiträge der Arbeitgeber, bei einer Gehaltsumwandlung trägt die Beiträge der Versicherte, also der Arbeitnehmer selbst, durch einen bestimmten Teil seines Gehalts. Die Vorteile einer Direktversicherung stellen sich wie folgt dar:

- Direktversicherungsbeiträge bis 3 000 DM je Kalenderjahr können mit 15 Prozent zuzüglich Kirchensteuer pauschal versteuert werden (§ 40 b Abs. 1 EStG).

- Werden mehrere Arbeitnehmer gemeinsam in einem Direktversicherungsvertrag geführt, können bis zu 4 200 DM pauschal versteuert werden, wenn im Durchschnitt aller versicherten Arbeitnehmer ein Beitrag von 3 000 DM nicht überschritten wird. Dies hat enorme Vorteile, wenn ein Angehöriger des Arbeitgebers im Betrieb beschäftigt ist und auch in den Genuß dieser Versicherungsform kommen will. Dann nämlich kann bei Bedarf für diesen Angehörigen der jährliche Beitrag höher sein (s. oben).

Die besonders günstige Pauschalversteuerung wird unter der Voraussetzung gewährt, daß die Direktversicherung der Alters-, Invaliditäts- bzw. Hinterbliebenenversorgung dient. Deshalb darf

- die Erlebensfalleistung frühestens im Alter von 60 Jahren fällig werden;
- eine vorzeitige Kündigung des Vertrages durch den Arbeitnehmer erfolgen und
- eine Abtretung oder Beleihung des Vertrages durch den unwiderruflichen Bezugsberechtigten vorgenommen werden.

Daneben ist für die Lohnsteuerpauschalierung gemäß § 40 b EStG bei Direktversicherungen – sowohl bei Kapitalversicherungen als auch bei Rentenversicherungen mit Kapitalwahlrecht – die Einhaltung einer 5jährigen Mindestvertragsdauer erforderlich.
Die Mindestvertragsdauer braucht nicht eingehalten zu werden, wenn der Versicherungsvertrag im Rahmen einer Gruppenversicherung nach dem arbeitsrechtlichen Grundsatz der Gleichbehandlung abgeschlossen wird.
Die pauschal versteuerten Beitragsteile bleiben in der Regel frei von Sozialversicherungsabgaben. Ausgenommen sind Direktversicherungen durch Gehaltsumwandlungen

aus laufenden Bezügen unterhalb der Beitragsbemessungsgrenze der gesetzlichen Rentenversicherung. Ein ausscheidender Arbeitnehmer behält einen unverfallbaren Anspruch, wenn er mindestens 35 Jahre alt ist und

- entweder die Versicherung für ihn mindestens 10 Jahre bestanden hat oder
- die Versicherung mindestens 3 Jahre bestanden hat und der Beginn der Betriebszugehörigkeit mindestens 12 Jahre zurückliegt.

Bei der Direktversicherung durch Gehaltsumwandlung erhält der Arbeitnehmer bzw. seine Hinterbliebenen einen sofortigen unwiderruflichen Anspruch auf alle Leistungen aus der Direktversicherung. Durch die Bestellung eines unwiderruflichen Bezugsrechtes – spätestens nach Eintritt der Unverfallbarkeit – entfällt die Verpflichtung zur Beitragszahlung an den Pensionsversicherungsverein.
Macht ein Arbeitnehmer von der flexiblen Altersgrenze (ab 60) in der gesetzlichen Rentenversicherung Gebrauch, sind ihm auf sein Verlangen hin vorzeitig auch – entsprechend verminderte – Leistungen aus der Direktversicherung zu gewähren.

Optimale Ausnutzung der Bezüge durch Gehaltsumwandlung

Mit dem Blick auf den Gehaltsstreifen stellt sich jeden Monat das Problem neu: Wie mache ich mehr aus meinen Bruttobezügen? Sicher haben auch Sie schon mit dem Gefühl stiller Enttäuschung die Höhe Ihrer Abzüge bedauert, die vor allem aus Steuern bestehen. Es geht darum, diese Steuern zu senken, um mehr für eigene Bedürfnisse einsetzen zu können. Die Steuern steigen bekanntlich »progressiv«, also nicht im gleichen Verhältnis wie das Gehalt, sondern stärker. Diese Tatsache hat dazu geführt, daß in vielen Fällen der Spitzensteuersatz sehr hoch ist. Diese Spitze zu kappen ist das Ziel der Direktversicherung.

Nachstehend einige Beispiele zur Steuerbelastung der letzten 3 481,50 DM (3 000 DM Versicherungsbeitrag plus 16,05 % Steuern):

Zu versteuerndes Einkommen	Grundtabelle1990 rd .	Splittingtabelle 1990 (Zusammenveranlagung)
30 000 DM	25 %	20 %
50 000 DM	31 %	23 %
60 000 DM	34 %	25 %
80 000 DM	40 %	28 %
100 000 DM	46 %	31 %

Welche Vorteile die Direktversicherung bietet, habe ich ja bereits erläutert. Diese Vergünstigungen können aber auch in Anspruch genommen werden, wenn aufgrund einer Vereinbarung zwischen dem zu versichernden Mitarbeiter und dem Arbeitgeber festgelegt wird, daß die Versicherungsbeiträge und die darauf entfallende pauschale Lohnsteuer von nur 15 % zuzüglich pauschaler Kirchensteuer aus Teilen des Gehalts finanziert werden.
Der Versicherungsbeitrag und die pauschalierte Lohn- und Kirchensteuer mindern dann die steuerpflichtigen Bruttobezüge und bewirken so eine Einsparung von Lohn- (und ggf. Kirchen-)steuer in Höhe der Differenz zwischen dem jeweiligen Spitzensteuersatz und der geringeren Pauschalsteuer. Für die sozialversicherungsrechtliche Behandlung von umgewandelten Gehaltsteilen unterhalb der Beitragsbemessungsgrenze der Sozialversicherung gilt folgendes: Die aus laufenden Bezügen abgeführten Versicherungsbeiträge bleiben beitragspflichtig, während die aus jährlichen Einmalzahlungen des Arbeitgebers finanzierten Versicherungsbeiträge beitragsfrei sind.
Nach den gesetzlichen Bestimmungen gelten für die Steuerbegünstigungen jährliche Höchstbeiträge von 3 000 DM.

Die steuerlichen Auswirkungen sind an zwei Beispielen dargestellt.

> *Tip:* Je höher Ihr steuerpflichtiges Jahreseinkommen ist, desto effektvoller wird für Sie eine Direktversicherung durch Gehaltsumwandlung.

Bei Interesse sollten Sie sich also umgehend mit Ihrem Arbeitgeber zusammensetzen und eine Abänderung Ihres Gehaltsvertrages vereinbaren, wonach sich Ihre Gesamtbezüge aus einem Versicherungsbeitrag und aus den übrigen bar auszuzahlenden Bezügen zusammensetzen. Ihr Versicherungsvertreter, mit dem Sie selbstverständlich zu-

Bei einem steuerpflichtigen Jahreseinkommen von	45 000,– DM	90 000,– DM
zahlt ein verheirateter Mann Einkommensteuer in Höhe von (1990)	7 028,– DM	19 092,– DM
Durch die Gehaltsumwandlung in Höhe von jährlich 3 000 DM zuzüglich 16,05 %* pauschale Lohn- und Kirchensteuer für eine Direktversicherung mindert sich das Einkommen im Jahr um	3 481,50 DM	3 481,50 DM
auf	41 518,50 DM	86 518,50 DM
Einkommensteuer hierfür	6 230,– DM	18 056,– DM
somit ermäßigt sich die Einkommensteuer um	798,– DM	1 036,– DM
abzüglich der Pauschalversteuerung	481,50 DM	481,50 DM
Steuerersparnis	316,50 DM	554,50 DM
*15,9 % in Niedersachsen, 15,75 % in Hamburg, 10,9 % in Berlin		

erst sprechen sollten, steht Ihnen hier mit Rat und Tat zur Seite und kann Ihnen eventuell entsprechende Mustervereinbarungen überreichen.

Direktversicherung – eine sehr lukrative Anlageform

Wegen der überdurchschnittlich hohen Steuerersparnis stellt die Direktversicherung die lukrativste Form der Kapitalanlage bzw. der Vermögensbildung mittels einer Kapital-Lebensversicherung dar. Äußerst renditestark ist hier die spezielle Form der »fondsgebundenen Kapitalversicherung«, auf die ich später noch detaillierter eingehen werde. Ich darf Ihnen an dieser Stelle empfehlen, sofern sich in Ihrem Falle die Möglichkeit anbietet, unbedingt eine Direktversicherung abzuschließen.
Ebenso lukrative Möglichkeiten eröffnen sich Ihnen, wenn Sie vielleicht selbständig sind und einen eigenen Betrieb führen, denn dann sollte eine Direktversicherung unbedingt abgeschlossen werden.

Direktversicherung – ein Privileg für Gesellschafter-Geschäftsführer

Die Gesellschafter-Geschäftsführer der über 376 000 in der Bundesrepublik ansässigen Gesellschaften mbH können sich freuen: Gesellschafter-Geschäftsführer haben als einzige Unternehmer die Möglichkeit, auch mit einer Direktversicherung ihre eigene Versorgung zu verbessern.
Von der Firma können jährlich bis zu 3 000 DM für den Gesellschafter-Geschäftsführer bei einer Versicherungsgesellschaft angelegt werden. Unter einer Bedingung sind sogar 4 200 DM als Beitrag für die Direktversicherung zugelassen: Wenn mehrere Versorgungsberechtigte in einem Versicherungsvertrag versichert werden, dürfen für den einzelnen Versorgungsberechtigten bis zu 4 200 DM im Jahr aufgewendet werden, wenn die Direktversicherungs-

beiträge für alle Versorgungsberechtigten im Durchschnitt die Grenze von 3 000 DM nicht übersteigen. Der Aufwand zur Direktversicherung mindert das zu versteuernde Einkommen des Gesellschafter-Geschäftsführers, so daß der Versicherungsbeitrag nicht dem hohen individuellen Einkommen-Spitzensteuersatz unterworfen ist, sondern lediglich der ab 1990 geltenden 15%igen Pauschalsteuer (inklu-

> *Tip:* Durch diese Steuervorteile ist eine Direktversicherung äußerst lukrativ. Beispielsweise wird ein 40jähriger Gesellschafter-Geschäftsführer aus einer Direktversicherung, in die 3 000 DM jährlich fließen, mit 65 Jahren über mehr als 185 000 DM verfügen können. Bei einem Spitzensteuersatz von 40 % hat die Direktversicherung den Gesellschafter-Geschäftsführer lediglich 2 250 DM gekostet. Ein äußerst rentables Geschäft, das sich ein guter Unternehmer keinesfalls entgehen lassen sollte.

sive der pauschalen Kirchensteuer von 16,05 %). Die Differenz zwischen hohem Spitzensteuersatz und Pauschalsteuersatz ist das Steuergeschenk des Staates an den Gesellschafter-Geschäftsführer.

Die fondsgebundene Kapital-Lebensversicherung

Eine hierzulande noch wenig verbreitete Form der Kapital-Lebensversicherung ist die sog. »Fonds-Police«, also eine fondsgebundene Lebensversicherung. Der Unterschied zum herkömmlichen Versicherungsmodell ist der, daß bei der Fonds-Police die zur Kapitalanlage verwendeten Beitragsteile nicht wie gewohnt im Rahmen der für Versicherungsgesellschaften vorgeschriebenen Anlagemedien angelegt wird, sondern in einen Investmentfonds fließt. Das

heißt, Ihr Beitrag wird in gutverzinslichen Rentenpapieren oder renditestarken Aktien angelegt. Welche Vorteile die Anlage in Investmentfonds für Sie bietet, habe ich Ihnen ja bereits ausführlich dargelegt.
Wahlweise bieten Ihnen die Versicherungsgesellschaften die Möglichkeit der Anlage in Aktien- oder Rentenfonds. Die Vorteile dieser speziellen Form liegen auf der Hand: Durch die Anlage in Wertpapieren vergrößert sich demzufolge auch die Überschußbeteiligung der Versicherung. Wenn Sie nun die vorgenannten steuerlichen Vorteile hinzurechnen, ergibt sich daraus ein fast unschlagbares Instrument zur Vermögensbildung bzw. zum Vermögensaufbau,

> *Tip:* Wenn Sie eine Kapital-Lebensversicherung als Vermögensaufbauprogramm wählen, so empfehle ich Ihnen, eine Fonds-Police abzuschließen. Sprechen Sie bitte ausführlich mit Ihrem Versicherungsberater darüber, und lassen Sie sich ein individuelles Angebot unterbreiten.

denn ebenso wie bei der herkömmlichen Lebensversicherung greifen auch bei der Fonds-Police alle steuerlichen Anreize.

7. Der sichere Weg zum Vermögensaufbau

Die Kunst, ein Vermögen aufzubauen, ist im Prinzip gar nicht so schwer zu erlernen, wenn man mit Entschlossenheit, Durchhaltevermögen und vor allem mit System an die Sache geht. Nur so läßt sich effektiv ein sicherer finanzieller Rückhalt aufbauen.
Haben Sie sich nicht auch schon sehr oft gewünscht, reich

zu sein? Paradoxerweise sind viele unter uns reich, ohne es zu wissen. Man kann reich an Wissen und Bildung sein; den wohl größten Reichtum stellt wohl die Gesundheit dar, obwohl die meisten unter uns diese göttliche Gabe immer als selbstverständlich hinnehmen. Meist wird einem der wahre Wert dieser Art von Reichtum erst dann bewußt, wenn wir ihn verloren haben.

Wir verbinden das Wort »Reichtum« in aller Regel mit dem Besitz von viel Geld. Betrachtet man den Begriff von dieser Seite, muß erst einmal festgestellt werden, daß Reichtum keine feste Größe, sondern im Gegenteil sehr relativ ist. So kann sich im Prinzip schon jemand reich fühlen, wenn er stets in der Lage ist, seinen finanziellen Verpflichtungen nachzukommen.

Als »Bruder« des Reichtums ist das Vermögen mit der gleichen Elle zu messen, denn schon ein kleiner Betrag kann manchmal ein Vermögen darstellen. Die Frage ist nun: Wie komme ich zu einem Vermögen?

Ganz besonders junge und ehrgeizige Leute, die nicht das Glück haben, von »Beruf« Sohn oder Tochter zu sein, stellen sich diese Frage, da sie nicht auf das Vermögen ihrer Vorfahren zurückgreifen können. Die meisten wissen nicht genau, wie sie mit der Vermögensbildung anfangen sollen. Bei der Vielzahl von Finanzdienstleistungsangeboten wird es einem auch nicht gerade leichtgemacht, den richtigen Ansatzpunkt zu finden. Ich möchte versuchen, etwas System in die Sache zu bringen. Napoleon sagte einmal: »Der absolut sicherste Weg, arm zu bleiben, ist der, immer ein ehrlicher Mensch zu sein.« Für einige unserer heutigen Zeitgenossen scheint dieser Ausspruch zwar noch immer gültig zu sein, aber selbstverständlich sollten Sie sich nicht daran orientieren.

Es ist auch auf legalem Wege möglich, ein Vermögen aufzubauen. Theoretisch wäre dies ganz einfach: Sie müssen nur versuchen, viel zu verdienen, wenig davon auszugeben und den verbleibenden Rest möglichst gewinnbringend zu

Das private Geldvermögen in Westdeutschland

in Mrd. DM (jeweils Jahresdurchschnitte, teilweise vorläufig oder geschätzt)

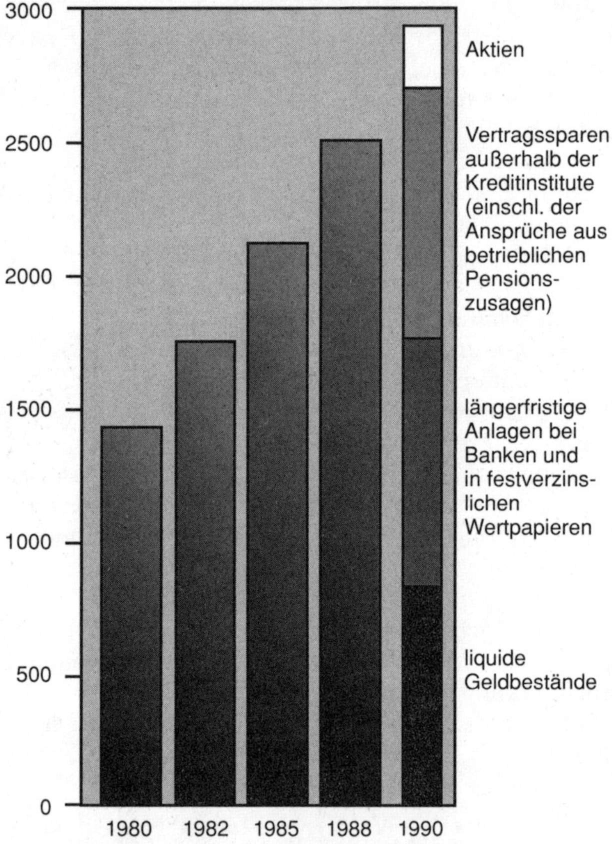

in 10 Jahren mehr als verdoppelt

Wie die Sparer ihr Geld anlegen

Neuanlagen der westdeutschen privaten Haushalte 1990 in Mrd. DM (teilweise geschätzte Werte)

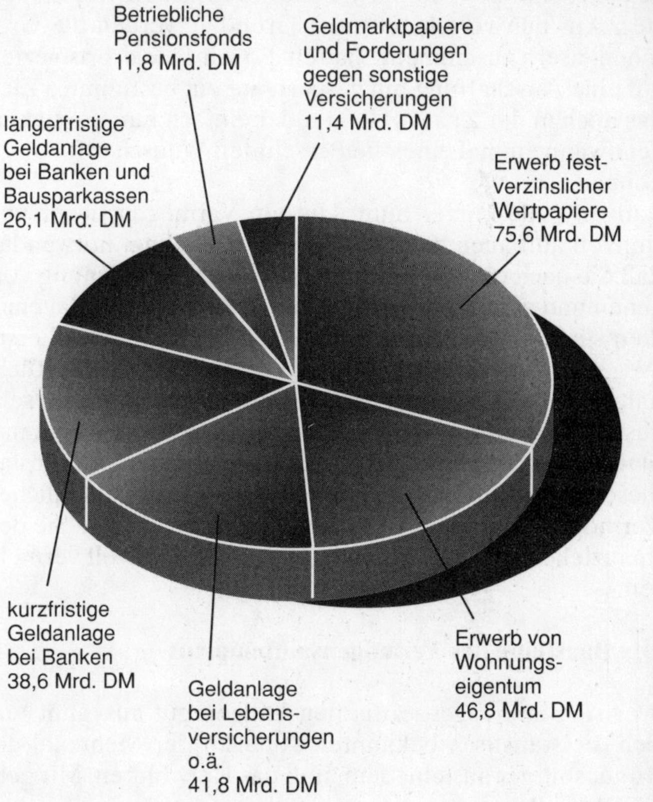

Anmerkung: Aktien - 2,8 Mrd. DM

vermehren. Die Praxis sieht leider ein bißchen anders aus. Die Deutschen sind ein sehr fleißiges Volk von Sparern. In unserer Wohlstandsgesellschaft hat sich mittlerweile ein riesiger Berg privaten Geldvermögens angesammelt. Nicht nur die »oberen Zehntausend«, sondern auch die immer breiter werdende Schicht des gut verdienenden Mittelstandes sitzt mittlerweile auf einem ordentlichen Kapitalpolster. Aus den verschiedensten Gründen werden die Groschen eisern zusammengehalten. So wird vielerorts gezielt auf eine Anschaffung hin gespart, auf ein bestimmtes Ziel, das noch in der Zukunft liegt, oder einfach nur, um sich irgendwann einmal einen heißersehnten Wunsch erfüllen zu können.
Langer Rede kurzer Sinn: Um ein Vermögen sicher und sinnvoll aufbauen zu können, ist es unbedingt notwendig, daß Sie nach einer sorgfältigen strategischen Planung vorgehen und alle in diesem Kapitel vorteilhaften Anlagemedien sinnvoll nach System einsetzen. Das ist der sicherste Weg, ein eigenes Vermögen und einen finanziellen Rückhalt aufzubauen. Im zweiten Kapitel habe ich ja schon sehr ausführlich auf die Notwendigkeit einer privaten Finanzplanung hingewiesen. Als – nennen wir ihn so – Unterplan dieser Finanzplanung sollten Sie auch einen persönlichen Vermögensaufbauplan erstellen und festlegen, wie Sie den finanziellen Überschuß systematisch und sinnvoll vermehren.

Die Bausteine des Vermögensaufbauplans

Wer sich in anlagespezifischen Dingen gut auskennt und sich die statistisch bekannten Anlagen der Mehrzahl der Bundesbürger ansieht, dem muß das Herz bluten. Mir geht es jedenfalls so!
Die meisten verschenken im wahrsten Sinne des Wortes Geld, weil sie unrentable und nicht mehr zeitgemäße Anlageformen wählen. Natürlich erfordert ein systematischer

Vermögensaufbau die volle Berücksichtigung individueller und persönlicher Präferenzen, und es gibt keinen perfekten Plan, der für jedermann anwendbar ist, aber Grundtendenzen, die auf jeden Sparer zu übertragen sind, können auf alle Fälle festgelegt werden. Es ist sinnvoll, hier nach den verschiedenen finanziellen Grundaspekten zu unterscheiden:

Die Liquiditätsreserve: Als Liquiditätsreserve betrachtet man einen bestimmten Betrag, der so angelegt werden sollte, daß man im Falle eines Falles jederzeit und ohne Probleme und finanzielle Verluste über Bargeld verfügen kann. Ich empfehle Ihnen, hierfür einen Betrag von maximal zwei Monatsgehältern auf die Seite zu legen. Das genügt. Damit wir uns richtig verstehen: Ich meine damit eine bestimmte Summe für unvorhersehbare Fälle; wenn zum Beispiel Ihr Fernseher den Geist aufgibt oder Ihre Waschmaschine.

Legen Sie diesen Betrag am besten auf ein Sparbuch. Da kommen Sie ohne Probleme an Ihr Geld und bekommen zusätzlich noch Zinsen gutgeschrieben, auch wenn diese eher kläglich sind. Mehr legen Sie bitte nicht aufs Sparbuch. Wenn der Betrag höher ist, den Sie als Liquiditätsreserve zurücklegen, oder auch wenn ein bestimmter Betrag auf unbestimmte Zeit zwar verfügbar sein, aber nicht angetastet werden muß, so bietet sich auch die Form des »Kurzläufer-Investmentfonds« an, auch »Geldmarktfonds« genannt. Ein solcher Fonds investiert sein Sondervermögen jeweils nur in geldmarktnahe Papiere. Solche mit sehr kurzen Laufzeiten oder aber in Festgelder bei Banken. Diese Form stellt nach meiner Auffassung den optimalen »Parkplatz« für Gelder dar, die aktuell nicht benötigt werden, aber nicht langfristig angelegt werden dürfen. Alles andere legen Sie bitte besser rentabler an.

Die Frage der richtigen Auswahl der Anlagemedien für ein langfristiges Ansparen hängt natürlich sehr stark von Ihren persönlichen Vorlieben und Zielvorstellungen ab.

Nicht unerheblich ist auch die Höhe des Betrages, den Sie monatlich dafür übrig haben.
Planen Sie den Erwerb oder den Bau einer eigenen Immobilie, so muß der Bausparvertrag als Ansparplan auf jeden Fall berücksichtigt werden. Die Bausparkassen werben zwar mit vielen Vorteilen, jedoch sollten Sie nur auf die für Sie wesentlichen achten. Soweit Ihr eigenes Einkommen die Einkommensgrenzen (zu versteuerndes Einkommen 27 000 DM bei Ledigen/54 000 DM bei Verheirateten) nicht überschreitet, kommen Sie in den Genuß des Vermögensbildungsgesetzes, auch 936-DM-Gesetz genannt. Sie erhalten dann die Arbeitnehmer-Sparzulage so-

Tip: In den neuen Bundesländern gelten bis 1993 noch höhere Sätze, bei denen auch Kinder berücksichtigt werden können. Die Prämierung fällt jedoch auf die Tarife der alten Bundesländer zurück, wenn das Geld wohnwirtschaftlich auf dem Gebiet der ehemaligen DDR verwendet wird.

wie zusätzlich eine staatliche Bausparprämie. Die Sparzulage nach dem Vermögensbildungsgesetz beträgt beim Bausparen jedoch nur 10 Prozent der jährlich angesparten Summe, also maximal 93,60 DM im Jahr. Bei der sog. Wohnungsbauprämie werden vom Staat 10 Prozent auf die jährliche Ansparsumme bis zu einer Grenze von 800 DM, entsprechend höchstens 80 DM gezahlt.
Wie ich im Unterkapitel »Bausparen« schon erklärt habe, sollten Sie den Bausparvertrag wirklich nur dann als Anlageform in Betracht ziehen, wenn Sie die eigentlichen Vorteile, also das sehr günstige Baudarlehen, irgendwann einmal in Anspruch nehmen können oder wollen. Ansonsten wählen Sie rentablere Formen.
Ähnlich, wenn auch nicht so streng, sollten Sie eine Kapi-

tal-Lebensversicherung behandeln. Grundsätzlich sollte dieses Medium immer von zwei Seiten betrachtet werden: aus der Sicht der Vorsorge für die Familie (Todesfallschutz) und aus der Sicht der langfristigen Vermögensbildung. Ersteres behandle ich ausführlicher im Kapitel »Versicherungen/Versorgung«. Ich beschränke mich an dieser Stelle bewußt auf die Kapitalbildung.
Die Kapital-Lebensversicherung sollte in keinem Vermögensaufbauplan fehlen. Natürlich ist auch hier wieder entscheidend, wie hoch Ihr monatlicher Vermögensbildungsanteil ist. Wenn es Ihre Versorgungslage zuläßt (erste Priorität hat der Todesfallschutz für Ihre Familie), sollten Sie auf alle Fälle die steuerlichen Aspekte der Lebensversicherung nutzen und soviel wie möglich Kapital zu bilden versuchen. Denken Sie hier bitte insbesondere an die Direktversicherung mit all ihren Vorzügen und auch an die »Fonds-Police«.
Das nach meiner Auffassung ertragreichste Vermögensbildungsinstrument ist der Ansparplan in einem Investmentfonds, vornehmlich in solchem, der sein Sondervermögen in Aktien investiert. Es gibt viele Diskussionen über diese Meinung: Aber ich selbst habe mir die Mühe gemacht und alle möglichen Ansparformen untereinander verglichen, einschließlich aller steuerlichen und sonstigen Aspekte. Unter dem Strich schneidet der Ansparplan in einem Aktienfonds am besten ab. Mit diesem Exempel stehe ich nicht allein. Die Redaktion der Fernseh-Wirtschaftssendung »Plus/Minus« kam zu dem gleichen Ergebnis.

Tip: Bei der Wahl eines relevanten Aktienfonds sollten Sie unbedingt die bisher erreichte Performance (Rendite) der Fonds vergleichen. Unabhängige Investmentberater helfen Ihnen da weiter.

Sie erwarten von mir jetzt sicherlich einen perfekten Beispiel-Vermögensaufbauplan, oder? Obwohl dies immer vom Einzelfall abhängt, will ich es trotzdem versuchen (Seite 113). Sehen Sie ihn aber bitte wirklich nur als Beispiel.

Wenn Ihr Erspartes einen höheren Betrag ausmacht, so können Sie auch ein kleines Wertpapierdepot einrichten, in das Sie dann Aktien oder auch festverzinsliche Wertpapiere hineinkaufen. Tun Sie das aber bitte nur, wenn Sie entweder etwas von der Materie verstehen oder einen guten und seriösen Vermögens-/Anlageberater haben. Ansonsten empfehle ich als Anlageform gute Investmentfonds.
Suchen Sie in Sachen Vermögensaufbau bitte stets den Rat von Fachleuten. Verlassen Sie sich nicht auf die Versprechen von Vertriebsorganisationen, die irgendwelche kombinierten Vermögenspläne anpreisen. Die meisten Banken bieten heute einen seriösen Beratungsservice in Sachen Vermögensaufbau oder besitzen dafür eigene Tochterunternehmen, die sich darauf spezialisieren.

Beispiel: Vermögensaufbauplan des Herrn Mustermann

Alter:	30 Jahre
Beruf:	kfm. Angestellter, Abteilungsleiter
Einkommen:	4 200 DM netto
Familienstand:	verheiratet, 2 Kinder, Ehefrau ist nicht berufstätig

Die Familie Mustermann lebt in einer Mietwohnung (800 DM Miete), will in den nächsten 10 Jahren bauen, hat ein erspartes Vermögen von 20 000 DM und kann durch kostenbewußtes Verhalten im Monat ca. 1 000 DM für die Vermögensbildung aufbringen. Der Familie Mustermann empfehle ich:

ca. 400 DM	– für die Absicherung (Versicherungen etc.) auszugeben (siehe auch Kapitel Versicherungen/Vorsorge),
ca. 100 DM	– in eine Kapital-Lebensversicherung einzuzahlen (Laufzeit unbedingt bis zum 63. oder 65. Lebensjahr),
ca. 250 DM	– in einen Bausparvertrag incl. aller gesetzl. Zuwendungen einzuzahlen und
20 000 DM	– in guten Investmentfonds (50 % Aktienfonds, 15 % Rentenfonds und 35 % offene Immobilienfonds) anzulegen und den/die gewählten Aktienfonds mit weiteren 250 DM pro Monat zu besparen.
ca. 7 000 DM	– sollten auf einem Sparbuch liegen.

Eine Umstrukturierung des Vermögens sollte erst zu Beginn des Baus vorgenommen werden. Vor allem das bis dahin aufgebaute Eigenkapital sollte dann für die Eigenmittel beim Bau verwendet werden.

8. Grundsätze der erfolgreichen Vermögensanlage

10 Gebote, wie Sie mehr aus Ihrem Geld machen

1. Die meisten Bundesbürger arbeiten ein halbes Leben lang, um Geld zu verdienen, nehmen sich aber kaum

ein paar Minuten Zeit zur Beantwortung der Frage, wie sie das Geld am besten anlegen. Diese Einstellung ist unverständlich! Gehen Sie an das Thema Geld und Geldanlage mit Muße und Überlegung heran.

2. **Wie hoch sind Ihre Ersparnisse? Und was machen Sie damit?** Als Rücklage für eventuelle Notfälle auf dem Sparkonto brauchen Sie zwei bis drei Monatsgehälter, mehr nicht! Alles, was darüber hinausgeht, sollten Sie gewinnbringender anlegen.
3. **Wie ist Ihre persönliche Anlegermentalität? Was bezwecken Sie mit Ihrer Geldanlage?** Wollen Sie die schnelle Mark machen, auch auf die Gefahr hin, dafür Risiken einzugehen? Oder ist Ihr Ziel die solide, langfristige Geldvermehrung bei minimalem Risiko? Werden Sie sich über diese Fragen eindeutig klar, ehe Sie eine Anlageentscheidung treffen.
4. **Stellen Sie Ihre Vermögensanlage auf Ihr persönliches Anlageziel ab:** Wollen Sie Ihre Altersversorgung aufbessern? Die Berufsausbildung oder Aussteuer Ihrer Kinder sichern? Vermögen bilden, um mehr finanzielle Unabhängigkeit zu gewinnen? Ihr Vermögen nach modernsten Grundsätzen verwalten lassen? Die Antwort auf diese Fragen ist mit entscheidend, wie lange Sie Ihr Geld anlegen, und damit auch für die Wahl der geeigneten Anlageform.
5. **Lassen Sie Ihr Vermögen möglichst langfristig arbeiten!** Je länger Sie es investieren, desto stärker wächst es durch die Erträge, durch den Zins- und Zinseszinseffekt.
6. **Befolgen Sie bei der Vermögensanlage das Prinzip der gesunden Mischung, und richten Sie sich nach der »modern portfolio theory«, die besagt:** ca. 50 % bewegliche Anlagen (Aktien/Aktienfonds); ca. 25 % Geldwertanlagen (Festverzinsliche Papiere/Rentenfonds); ca. 25 % Immobilien (Haus- und Grundbesitz/Immobilienfonds).

7. **Zu jeder ausgewogenen Vermögensverwaltung gehört die Anlage in Wertpapieren;** denn sie sind in sich logisch, transparent und leicht verständlich. Sie sind kein Privileg für Großanleger, sondern für jedermann erschwinglich.
8. **Eine besonders zeitgemäße Vermögensanlage sind Investmentfonds.** Sie bieten Ihnen alle Vorteile einer modernen Vermögensverwaltung, überdurchschnittlich hohe Erträge, ein hohes Maß an Sicherheit durch die staatliche Kontrolle, Überschaubarkeit und jederzeitige Verfügbarkeit Ihres Geldes.
9. **Sagen Sie niemals »Das lohnt sich nicht für mich«.** Ganz egal, ob Sie 10 000, 100 000 oder eine Million Mark anzulegen haben: Es lohnt sich immer und für jeden, mit seinem Geld noch mehr Geld zu verdienen.
10. **Schieben Sie Ihre Entscheidung nicht hinaus: Zeit ist Geld!**

Stellen Sie Ihre Vermögensanlage und -verwaltung auf ein solides Fundament. Investmentfonds weisen Ihnen Ihren individuellen Weg zur Vermögensverwaltung in den neunziger Jahren.

4. Der optimale Weg zu Ihren eigenen vier Wänden

Eines der meistgenannten Lebensziele vieler Bürger ist das Wohnen in den eigenen vier Wänden bzw. der Traum vom Eigenheim. Nicht wenige bezeichnen gerade die Verwirklichung dieses Traums als das Lebensziel Nummer 1 und arbeiten konsequent darauf hin. In der Zeit, in der dieses Buch entstanden ist, herrschte das bisher höchste Hypothekenzinsniveau seit Kriegsende. Es liegt auf der Hand, daß gerade in einer solchen Zeit die Baukonjunktur nicht gerade floriert. Untragbar hohe Zinsbelastungen schrecken den Häuslebauer ab.
Objektiv betrachtet, läßt sich aber erkennen – und das ist auch meine persönliche Meinung –, daß ein hohes Zinsniveau nicht das einzige Kriterium sein sollte, um über den Kauf oder den Bau einer eigenen Immobilie zu entscheiden. Parallel dazu steigen nämlich auch die Mieten, so daß man nicht ohne weiteres sagen kann, bauen oder kaufen sei allein aufgrund hoher Zinsen nicht tragbar. Es ist vielmehr eine Gegenüberstellung der mittel- und langfristigen Belastungen, die zu einer Entscheidung herangezogen werden sollte. Ein sehr wichtiger Faktor ist natürlich die richtige Finanzierung für die eigene Immobilie, egal ob diese gebaut oder gekauft wird.
An das eigene geplante Immobilieneigentum sollten Sie sehr sorgfältig überlegt und vor allem mit System herangehen.

1. Das Geld für die eigenen vier Wände

Wohnen gehört wie essen und trinken zu den wenigen Dingen, auf die niemand verzichten kann. Wie und wo man wohnt, darüber entscheiden Neigung und Geldbeutel des einzelnen, und diese Entscheidung ist auch abhängig von der Lebensphase, in der man sich befindet. Jüngere Leute, die sich noch in der Ausbildung befinden oder gerade erst ins Berufsleben eingetreten sind, sollten sich verständlicherweise noch nicht auf einen bestimmten Wohnort festlegen. Dementsprechend können sie sich auch noch an keine bestimmte Wohnung binden. Dagegen ist der Traum vom Eigenheim im Grünen für Ehepaare mit kleineren Kindern besonders attraktiv.

Eigentum oder Miete?

Fragt man die Eigentumswilligen, die sich den Traum vom Eigenheim verwirklichen möchten, nach ihren Motiven, so bekommt man meist dieselbe Antwort: Vorwiegend ist von ideellen Werten die Rede! Der eine möchte endlich sein eigener Herr sein und den Wunsch nach mehr persönlicher Unabhängigkeit und Freiheit verwirklichen. Der andere sucht ein eigenes Zuhause als Quelle von Sicherheit und Geborgenheit für sich und für seine Familie. Zuweilen hört man auch modernere Vokabeln wie »Lebensqualität« und »Selbstverwirklichung«, um das Bedürfnis nach einem Eigenheim zu erklären. Nicht zu vergessen die berühmten Sprichwörter wie »Eigener Herd ist Goldes wert« oder »My home is my castle« und auch »Eigentum macht frei«. Es ist mit Sicherheit kein Wunder, wenn diese eher emotionalen Bewegungen Eingang finden in die Werbeaussagen vieler Banken, Bausparkassen, Bauträger und Immobilienmakler. Ich darf Sie jedoch an dieser Stelle warnen: Ideelle Werte sind gut und notwendig, dürfen aber bei Ihrer Entscheidung keinen allzu großen Einfluß haben. Lassen Sie sich auf kein Abenteuer ein. Denken Sie an das, was ich im ersten Kapitel ausgeführt habe, es geht hier in erster Linie ums Geld – und das ist ein knallhartes Geschäft. Bewahren Sie also bitte einen kühlen Kopf, damit Ihr Traum vom Eigenheim kein Alptraum wird.

Es gibt jedoch auch gewichtige wirtschaftliche Gründe, eigene vier Wände zu erwerben. Eigentum an einem Haus oder einer Wohnung ist langfristig billiger als das Wohnen zur Miete. Mitte der 80er Jahre hatte allerdings die Anzahl der Fälle zugenommen, in denen die Eigentümer neuerer, hochbelasteter Immobilien in Zahlungsschwierigkeiten geraten sind. Es handelte sich hierbei zwar um eine Minderheit, aber im schlimmsten Falle führten solche Zahlungsschwierigkeiten zu Zwangsversteigerungen. Diese Erfahrungen unterstreichen, daß es sich bei der Entscheidung zum Erwerb einer selbstgenutzten Immobilie um eine reine Investitionsentscheidung handelt, die mit wirtschaftlichen Risiken behaftet sein kann. Die Unsicherheit bezieht sich insbesondere auf die Fähigkeit, die Belastungen aus dem Eigentumserwerb auf Dauer tragen zu können. Trotz der realen Einkommenssteigerungen seit etwa 1986 fallen in der Zukunft die erwarteten Einkommenssteigerungen eher geringer aus als in den 60er und 70er Jahren. Die Risiken der Finanzierung können aus diesem Grunde nicht so ohne weiteres aufgefangen werden. Ich gehe später auf dieses Thema noch einmal genauer ein.

Wenn sich Ihr Einkommen nicht erheblich über dem Durchschnitt befindet und Sie vielleicht sehr wenig oder gar kein Eigenkapital einbringen können, sollten Sie sich die Angelegenheit sehr gründlich überlegen. Sie sollten sich im klaren darüber sein, daß Sie einen wesentlichen Teil Ihres Einkommens für lange Zeit für den Schuldendienst (Verzinsung und Tilgung des aufgenommenen Darlehens) und für die sonstigen Kosten Ihres Hauses oder Ihrer Wohnung verwenden müssen. Schon kleine Verringerungen Ihres Einkommens oder zusätzliche unvorhergesehene Ausgaben können Ihren Finanzhaushalt in arge Bedrängnis bringen. Dann werden einschneidende Beschränkungen aller anderen Ausgabenbereiche notwendig. Dazu kommt natürlich die Angst, ob auf Dauer die finanziellen Belastungen tragbar sind. In solchen Fällen macht Eigentum absolut nicht frei, sondern führt zu langjährigen wirtschaftlichen Abhängigkeiten. Deshalb ist es gerade für Familien mit Kindern und einem niedrigeren Einkommen von allergrößter Bedeutung,

- alle Möglichkeiten einer seriösen Beratung und Betreuung wahrzunehmen,
- alle Möglichkeiten kostensparenden Planens und Bauens auszuschöpfen und
- in der Finanzierung die Risiken soweit wie möglich auszuschließen.

Verlassen Sie sich bitte auch bei diesem sehr wichtigen Thema nicht auf Werbe- und Verkaufsaussagen irgendwelcher selbsternannter »Vermögensberater«, sondern suchen Sie den Kontakt zu seriösen und versierten Finanzberatern. Auch wenn solche Leute ein Honorar für die Beratung verlangen – meist ist es das auch wert.
Weitere wirtschaftliche Argumente für das eigene Heim sind Inflationsschutz, Wertzuwachs und natürlich auch Steuerersparnisse. Bei steigenden Preisen bleibt dem Normalsparer real immer weniger von den Zinsen übrig. Der Haus- und Grundbesitzer zahlt hingegen die Schulden mit entwertetem Geld wieder zurück. In Inflationszeiten ist also der Sachwertanleger mit Schulden der eigentliche Gewinner, hingegen ist der Geldwertanleger der große Verlierer. Außerdem steigen in Inflationszeiten die Mieten, die Grundstückspreise, die Baukosten und dementsprechend auch der Wert für das Haus- oder Wohnungseigentum.

Darüber hinaus beteiligt sich Vater Staat nicht unwesentlich mit erheblichen Steuervergünstigungen an der Bildung von Grundvermögen.
Natürlich gibt es auch Argumente dafür, Mieter zu bleiben. Für die meisten Mieter sind die mit dem Eigentumserwerb verbundenen Belastungen trotz Hilfen des Staates immer noch zu hoch. Sie möchten sich auch nicht dem Zwang unterwerfen, sich in anderen Lebensbereichen über viele Jahre hinweg stark einzuschränken. Auch sind die meisten Mieter mit ihrer Wohnung und ihrem Vermieter zufrieden. Das Mietrecht gibt dem Mieter weitgehenden Schutz. Dem vertragstreuen Mieter darf nur gekündigt werden, wenn der Vermieter die Wohnung selbst dringend benötigt oder wenn er durch die Vermietung an einer angemessenen Nutzung gehindert und dadurch erhebliche Nachteile erleiden würde. Der Vermieter darf nicht kündigen, um etwa eine Mieterhöhung zu erreichen.
Alles in allem kann man sagen: Mieten oder Wohneigentum sind echte Alternativen. Es kommt immer auf die persönlichen, individuellen Umstände des einzelnen an, für welche Variante er sich entscheidet, wobei für die Mehrzahl der Bürger sicherlich nur die zweite langfristig wirklich interessant ist.

Der Geldbedarf

Bei der Berechnung des Geldbedarfs tut sich der potentielle Immobilienerwerber natürlich schwerer als derjenige, der die Ausgaben für einen Staubsauger oder für den Erwerb eines Kleinwagens ermitteln muß. Ein echter Preisvergleich ist gar nicht so einfach, gilt doch der Immobilienmarkt als ein »Markt der tausend Märkte«. Für den Laien ist ein wirkliches Preis-Leistungs-Verhältnis kaum erkennbar. Wagen wir uns dennoch einmal an aktuelle Immobilienpreise heran, um herauszufinden, wieviel Geld Sie für ein Haus oder eine Wohnung benötigen.

Im groben Durchschnitt betrugen die Preise für Einfamilienhäuser in den letzten Jahren bei neuen Objekten 350 000 bis 900 000 DM und bei gebrauchten Objekten ca. 300 000 bis 700 000 DM. Eine aktuelle Umfrage des Verbandes Deutscher Hypothekenbanken ermittelte für das Jahr 1991 Kosten für ein Einfamilienhaus in Höhe von ca. 540 000 DM im Durchschnitt. Solche Durchschnittswerte besagen aber wenig, da es bei Häusern ein ausgeprägtes Nord-Süd-Gefälle gibt und zudem erhebliche Unterschiede zwischen einem freistehenden Einfamilienhaus mit guter Ausstattung und einem Reihenhaus mit mittlerer Ausstattung bestehen. Bessere und genauere Zahlen liefert der Ring Deutscher Makler (RDM). Im Preisspiegel für 1991 wird nach Städten, Objektarten und Wohnwerten differenziert. So ergibt sich zum Beispiel für meine Heimatstadt Nürnberg folgendes Bild (Preise incl. Grundstück):

Freistehende Eigenheime:	
einfacher Wohnwert, ca. 100 m^2:	360 000,– DM
mittlerer Wohnwert, ca. 125 m^2:	530 000,– DM
guter Wohnwert, ca. 150 m^2:	950 000,– DM
Reihenhäuser:	
einfacher Wohnwert, ca. 100 m^2:	320 000,– DM
mittlerer Wohnwert, ca. 100 m^2:	370 000,– DM
guter Wohnwert, ca. 100 m^2:	430 000,– DM
Eigentumswohnungen: (Verkaufspreise pro m^2 Wohnfläche)	
einfacher Wohnwert:	1 900,– DM
mittlerer Wohnwert:	2 900,– DM
guter Wohnwert:	3 900,– DM

Geht man nun von einem Reihenhaus mit mittlerem Wohnwert aus, so ergibt sich also im Großraum Nürnberg ein Durchschnittspreis von 373 333 DM oder von 3 733 DM pro Quadratmeter Wohnfläche. Bei einer Eigentumswohnung mit mittlerem Wohnwert sind dies im Schnitt 2 550 DM pro Quadratmeter Wohnfläche. Völlig andere Preise für Reihenhäuser, Einfamilienhäuser und Eigentumswohnungen ergeben sich jedoch in anderen Gebieten.

> *Tip:* Jedem künftigen Bauherrn oder Käufer kann ich nur empfehlen, sich in dieser oder ähnlicher Form Marktkenntnisse zu verschaffen, um sich so vor überhöhten Preisen zu schützen. Studieren Sie beispielsweise den Immobilienteil Ihrer regionalen Tageszeitung, und werten Sie diesen aus. Rufen Sie auch auf Anzeigen hin bei den Anbietern an, und versuchen Sie herauszufinden, zu welchem Preis einige Wochen später das angebotene Objekt tatsächlich verkauft wurde. Nicht selten müssen die privaten Wohnungs- und Hauseigentümer Abschläge in Höhe von 5 bis 15 % vom zuerst angebotenen Preis hinnehmen.

Der für Sie aussagefähigste Preis ist der Preis pro Quadratmeter Wohnfläche. Bei Eigentumswohnungen ist die Ermittlung besonders einfach:

$$\frac{\text{Gesamtkosten oder Kaufpreis}}{\text{Wohnfläche}} = \text{Preis pro m}^2 \text{ Wfl.}$$

Bei Einfamilienhäusern sollten Sie allerdings erst die Grundstückskosten (Quadratmeterpreis x Grundstücksfläche) von den Gesamtkosten oder dem Kaufpreis abziehen. Den aktuellen Grundstückspreis erfahren Sie am ehe-

sten bei den Gutachterausschüssen der Gemeinden. Dort können Sie dann kostenlos Einblick in die Bodenrichtwertkarte nehmen, auf der die Grundstückspreise für verschiedene Bewertungsgebiete verzeichnet sind.
Der Preis pro Quadratmeter Wohnfläche hängt im einzelnen ab von nachfolgenden Gesichtspunkten:
1. Lage: Bundesland und Region, Ballungsgebiet, Großstadt oder Großstadtnähe, Kleinstadt mit ländlicher Umgebung, Wohn- und Verkehrslage innerhalb des Ortes, direkte Umgebung.
2. Wohnwert: einfach, mittel oder gut – je nach Bauzustand, Raumaufteilung und Ausstattung.
3. Art des Objektes: freistehendes Einfamilienhaus, Doppelhaushälfte, Reihenhaus, Eigentumswohnung.
4. Alter des Objektes: Neubau, Baujahr bei gebrauchten Objekten.
Der entscheidende Gesichtspunkt ist in aller Regel jedoch die Lage. Darin sind sich Experten einig. Nach einem alten Maklerspruch sollte man lieber ein schlechtes Haus in guter Lage kaufen als umgekehrt. Die Begründung liegt auf der Hand: Raumaufteilung und Ausstattung eines Gebäudes kann man ändern – die Lage jedoch nicht!
Wenn Sie Wohneigentum erwerben wollen, so haben Sie immer verschiedene Möglichkeiten:

- Sie können selbst bauen,
- Sie können ein neues Haus oder eine neue Eigentumswohnung von einem Bauträger kaufen,
- Sie können ein gebrauchtes Eigenheim oder eine gebrauchte Eigentumswohnung kaufen.

Vielleicht wollen Sie aber gar nicht bauen, sondern ein Haus oder eine Wohnung in einer guten und gewachsenen Lage aus zweiter Hand kaufen. Dabei kommen Sie sicher günstiger weg als bei neuen Objekten.
Allerdings müssen zu diesen niedrigen Kaufpreisen mögli-

che Modernisierungskosten hinzugezählt werden, die nicht unerheblich zu Buche schlagen können.
Ein gebrauchtes Objekt läßt sich nicht nur durch Kauf, sondern auch auf einer Zwangsversteigerung erwerben. Oftmals bietet sich auf diese Weise die Möglichkeit, ein Objekt besonders günstig zu erstehen. Im hitzigen Wettbewerb der Bieter auf einer Zwangsversteigerung kann es unter Umständen aber auch einmal zu überhöhten Geboten kommen. Der Erwerb eines Objektes in der Zwangsversteigerung ist überhaupt nicht so schwierig, wie manche glauben. Sie sollten allerdings Ratgeberliteratur hinzuziehen, die sich speziell an juristische Laien wendet.
Wieviel Geld Sie für Haus oder Wohnung letztendlich benötigen, hängt immer von den tatsächlichen Grundstücks- und Baukosten (beim Bauen) oder vom Erwerbspreis (beim Kaufen oder Ersteigern) ab. Sicher läßt sich auch beim einen oder anderen Punkt erheblich sparen, so z. B. beim Grundstückskauf etc., aber darauf gehe ich später in diesem Kapitel noch einmal näher ein. Versuchen Sie immer herauszufinden, ob die anfallenden Gesamtkosten oder Erwerbspreise angemessen oder zu hoch sind. Sind sie zu hoch, so lassen Sie bitte die Finger weg oder versuchen sie herunterzuhandeln. Ihr Ziel sollte immer sein, im Rahmen der gebietsrelevanten Preise zu bleiben oder vielleicht sogar darunter zu kommen. Wenn Sie dies schaffen, haben Sie zweierlei erreicht: Sie haben sehr günstig eingekauft und gleichzeitig Ihren Geldbedarf vermindert. Schlagen Sie also diese zwei Fliegen (Preis und Geld) – wenn möglich – mit einer Klappe.

Kurze Zusammenfassung:

- Besorgen Sie sich den aktuellen RDM-Preisspiegel, und ermitteln Sie die Durchschnittswerte pro Quadratmeter Wohnfläche.
- Setzen Sie Ihre Prioritäten nach Lage, dann nach

Wohnwert und zum Schluß nach Art und Alter des Objektes.

- Ziehen Sie auf jeden Fall auch kaufen und ersteigern in Betracht.

Finanzierungsquellen – woher bekommen Sie das Geld?

Jeder Bauherr oder Immobilienerwerber muß sich zwangsläufig überlegen, wie er sein Haus finanzieren kann. Nur wer in der glücklichen Lage ist, alles bar bezahlen zu können, hat keine Belastungen aus der Finanzierung. Alle übrigen Kauf- oder Bauwilligen müssen Darlehen aufnehmen.

Die vertretbare Verschuldung hängt von der tragbaren Belastung ab. Die Tragbarkeit ist wesentlich von Ihrem monatlichen Nettoeinkommen abhängig. Neben der aus dem Immobilienerwerb resultierenden Belastung muß auch noch der laufende Lebensunterhalt bestritten werden, und es sollte auf alle Fälle auch noch ein kleiner Spielraum für unvorhergesehene Ausgaben vorhanden sein.

Die mit dem Immobilienerwerb zusammenhängende Belastung setzt sich zusammen aus dem Kapitaldienst und den Bewirtschaftungskosten. Kapitaldienst nennt man die Summe aus Zinsen und Tilgung des aufgenommenen Darlehens. Die Bewirtschaftungskosten werden oft unterschätzt. Zu ihnen zählen die Heizkosten, die kommunalen Gebühren für die Wasserversorgung, die Müllabfuhr und die Straßenreinigung, die Grundsteuer, Versicherungsprämien, Instandhaltungskosten bzw. Instandhaltungsrücklagen, die Kosten der Gartenpflege und die Schornsteinreinigung. Bei Neubauten auf jeden Fall mit mindestens 3 DM pro Quadratmeter im Monat rechnen. Bei älteren Objekten fallen sie wegen der höheren Instandhaltung und der oft schlechteren Isolierung höher aus.

Die laufende Belastung muß dauerhaft tragbar sein. Der nach Abzug des Kapitaldienstes verbleibende Rest des

Einkommens muß nicht nur ausreichend sein, um daraus den laufenden Lebensunterhalt bestreiten zu können, sondern sollte auch noch die Bildung von Rücklagen für unvorhergesehene Ausgaben sowie wünschenswerterweise die Bildung eines eigenen Vermögens zulassen. Das heißt im Klartext: Sie sollten auf jeden Fall Einkünfte, mit denen Sie auf Dauer nicht hundertprozentig rechnen können, außer Betracht lassen. Die Forderung einer dauerhaften Tragbarkeit beinhaltet auch, daß man sich darüber im klaren sein sollte, wie sich die Belastung über die Zeit entwickelt. Aus verschiedenen Gründen kann die Belastung in den nächsten Jahren steigen. Dies kann geschehen durch die unterschiedlichsten Faktoren: So z. B. wenn nach acht Jahren der § 10 e EStG nicht mehr wirksam ist oder wenn nach Auslaufen der Zinsfestschreibung die Zinsen erhöht werden. Dies läßt sich natürlich nur sehr schlecht voraussehen; Zinsänderungen können aber für die monatliche Belastung erheblich sein, wie folgendes Beispiel zeigt:

Berechnungsbeispiel

Darlehen	Zinsen/mtl. Belastung		
	6,5 %	7,5 %	8,5 %
120 000 DM	650 DM	750 DM	850 DM
240 000 DM	1 300 DM	1 500 DM	1 700 DM

Belastungssteigerungen können Sie nur gelassen ins Auge sehen, wenn Sie auch mit entsprechenden Steigerungen Ihres Nettoeinkommens rechnen können. Geht man nun davon aus, daß die laufende Belastung aus dem Kapitaldienst mittelfristig nicht mehr als ein Drittel des verfügbaren Einkommens ausmachen soll, so ergibt sich die Grundregel, daß die absolute Grenze für die Aufnahme von Darlehen um so niedriger ist, je geringer das Haushaltsnettoeinkom-

men ist. Das heißt, daß der weniger verdienende einem stärkeren Zwang zur Auswahl eines möglichst billigen Objekts und zu möglichst hohen Eigenleistungen unterliegt als der besser verdienende Haushalt. Das soll aber nicht bedeuten, daß es der Bau- oder Kaufwillige mit höherem Einkommen leichter hat als der mit niedrigerem Einkommen. Wer z. B. als Einheimischer in ländlichem Gebiet bereits über ein Baugrundstück verfügt, selbst handwerkliche Fähigkeiten hat und mit etwaiger Nachbarschaftshilfe rechnen kann, kommt auch mit geringem Einkommen oft leichter und schneller zu den eigenen vier Wänden als der wesentlich besser Verdienende, der in einer Großstadt lebt, für das Baugrundstück einen hohen Preis zahlen muß und keine Möglichkeit zu Eigenleistung in Form von Selbst- und Nachbarschaftshilfe hat.
Eine Möglichkeit, bei der Erwerbs- oder Bauentscheidung die geringere Belastungsfähigkeit bzw. ein unsicheres Einkommen zu berücksichtigen, besteht auch darin, daß man eine Gebrauchtimmobilie erwirbt. Diese ist in der Regel billiger, auch bei Berücksichtigung von notwendigen Instandhaltungsmaßnahmen. Zudem läßt sie sich gewöhnlich ohne wesentlichen Wertabschlag wieder veräußern, wenn dies notwendig sein sollte. Müssen dagegen Neubauten schon kurze Zeit nach Fertigstellung wieder verkauft werden, so müssen beträchtliche Wertabschläge in Kauf genommen werden.
In der Regel wird die auf den Erwerber eines Eigenheims zukommende Belastung mindestens in den ersten zehn Jahren nach dem Bau oder Erwerb wesentlich höher sein als die Miete für die bisherige Wohnung. Gerade für Familien mit geringerem Einkommen, die sonst nur wenig Eigenkapital erbringen können, empfiehlt es sich daher, zunächst über mehrere Jahre hinweg regelmäßig Eigenkapital anzusparen (siehe auch Kapitel »Vorteilhafte Vermögensanlagen«).
Wer den Bau oder den Erwerb eines Eigenheims plant und

als zuverlässiger Kreditkunde angesehen werden kann, wird heute von Banken, Sparkassen, Bausparkassen und auch Versicherungsgesellschaften heftig umworben. Alle diese Institute wollen Ihnen als Kunden ihre Kredite verkaufen. Hier sind Sie als Kunde König. Nutzen Sie diesen Vorteil zu Ihren Gunsten, lassen Sie sich von mehreren Adressen unabhängig voneinander beraten. Die Verantwortung für die Wahl des für Sie richtigen Finanzierungsangebotes nimmt Ihnen jedoch niemand ab. Es liegt ganz allein an Ihnen, als Vorgaben für die Entscheidung mit realistischen Bau- und Baunebenkosten, möglichen Eigenleistungen und auf Dauer tragbaren Belastungen zu rechnen. Sie selbst müssen die Finanzierungsangebote daraufhin prüfen, wie kostengünstig sie sind und ob eine niedrige Anfangsbelastung nicht durch später um so höhere Belastungen erkauft wird.

Tip: Sprechen Sie bitte mit seriösen Finanzierungsprofis Ihre Angelegenheit durch, und handeln Sie nicht vorschnell. Nehmen Sie vor allem nicht das erstbeste Angebot an.

Die erschreckende Zunahme der Zwangsversteigerungen in den 80er Jahren ist nach Ansicht des Verbandes der privaten Bausparkassen in erster Linie auf falsche Finanzierungen mit zu wenig Eigenkapital zurückzuführen. Viele private Häuslebauer machten den Fehler, ihr Bau- oder Kaufvorhaben mit null Eigenkapital zu finanzieren. Irgendwann waren dann die Belastungen für den Kapitaldienst nicht mehr tragbar.
So erschreckend diese Tatsache auch ist, so wichtig ist auch die daraus zu ziehende Folgerung: Wenn Sie die eigenen vier Wände selbst nutzen wollen, sollte die Eigenkapitalquote, also das Eigenkapital in Prozent zum insgesamt benötigten Kapital, mindestens 20 % betragen. Je höher die-

se Quote in Ihrem Fall ausfällt, desto besser ist dies für Sie. Denken Sie bitte daran, daß zum Eigenkapital alles zählt, was Sie aus Eigenmitteln aufbringen können, also nicht nur das Barkapital. Das Eigenkapital umfaßt auch

- Bargeld und verfügbare Guthaben auf laufenden Konten, Sparbüchern, Sparbriefen und Wertpapierkonten,
- Bausparguthaben,
- den Wert eines eigenen (vielleicht geerbten) Grundstückes,
- den Wert der Eigenleistungen (maximal 10 bis 20 % der Baukosten).

Reicht Ihr Eigenkapital nach Ansicht Ihres Geldinstituts nicht aus, so können Sie es ersetzen durch Kapital, das zwar im strengen Sinne Fremdkapital ist, aber ohne weiteres als Eigenkapitalersatz die Aufnahme von Hypothekendarlehen bei Banken und Sparkassen vielleicht gerade erst ermöglicht. Als Eigenkapitalersatz sollten Sie daher in Betracht ziehen:

- Verwandten- und Bekanntendarlehen,
- Arbeitgeberdarlehen,
- Policendarlehen der Lebensversicherung,
- öffentliche Baudarlehen und Familienzusatzdarlehen,
- Vergabe eines Wohnrechts (zum Beispiel an einen nahen Verwandten).

Natürlich führt in den meisten Fällen kein Weg am Fremdkapital von Banken, Sparkassen, Bausparkassen oder Lebensversicherungen vorbei. Die beste Voraussetzung für Ihre Kreditwürdigkeit oder Bonität, wie es im Fachjargon heißt, schaffen Sie mit Ihrem Einkommen und einer ausreichenden Ausstattung mit Eigenkapital und Eigenkapitalersatzmitteln. Stellen Sie sich den Aufbau einer guten Finanzierung wie die folgende Kapitalpyramide vor.

Kapitalpyramide

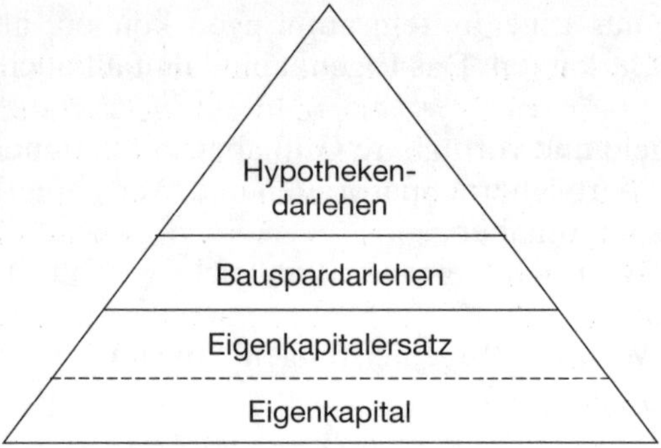

Nach Eigenkapital und Eigenkapitalersatzmitteln finden Sie die Bauspardarlehen. Dies hat zwei Gründe: Erstens haben Bausparguthaben, sofern vorhanden, im wesentlichen die Aufgabe, nach Erfüllung bestimmter Voraussetzungen (Mindestguthaben, Mindestsparzeit, Zielbewertungszahl) zinsgünstige Baudarlehen zu bekommen. Zum zweiten sind Bauspardarlehen infolge eines relativ hohen Tilgungssatzes oft schon nach elf Jahren getilgt, was Sie ab dem zwölften Jahr spürbar entlastet. Allerdings gibt es auch eine Kehrseite der Medaille. Falls der Bausparvertrag noch nicht zuteilungsreif ist, muß er bis zur Zuteilung vor- oder zwischenfinanziert werden.

Unbestreitbare Vorteile eines Bauspardarlehens, das zusammen mit dem Bausparguthaben zur Zuteilung ansteht, sind:

- konkurrenzlos niedrige Zinsen,
- fest garantierter Zins über die gesamte Laufzeit des Darlehens,
- schnelle Tilgung (wenn die normale Tilgung gewählt wird).

Den Löwenanteil, fast drei Viertel der Fremdfinanzierung, bestreiten die Banken und Sparkassen. Hierzu zählen:

- Realkreditinstitute (26 private Hypothekenbanken und 12 öffentlich-rechtliche Pfandbricfanstalten),
- Sparkassen und Landesbanken (z. B. Westdeutsche oder Bayerische Landesbank),
- Genossenschaftsbanken (Volksbanken, Raiffeisenbanken, DG Bank),
- private Geschäfts- und Kreditbanken (z. B. Deutsche Bank, Commerzbank).

Aus der Sicht des Kreditsuchenden ergeben sich einige Besonderheiten beim Vergleich dieser Geld- und Kreditinstitute. Die privaten Hypothekenbanken und die großen Geschäftsbanken kooperieren meist miteinander, wobei die Hypothekenbanken, die oft auch noch Tochterinstitute der Geschäftsbanken sind, den größten Teil des Darlehens zur Verfügung stellen. Typisch für Hypothekendarlehen sind eine nur einprozentige Tilgung und ein Zins, der in der Regel auf 10 oder 15 Jahre festgeschrieben wird. Möglich ist aber auch die Vereinbarung von festen Zinsen für kürzere Zeitabschnitte oder von variablen, also veränderlichen Zinsen. Hypothekenbanken refinanzieren (beschaffen Gelder, die die Bank dann wieder als Darlehen auszahlt) sich durch die Ausgabe von Pfandbriefen, die an Kapitalanleger zu festen Zinsen ausgegeben werden (siehe auch Kapitel »Vermögensanlagen«).
Geschäftsbanken, Sparkassen und Volksbanken beschaffen sich das Geld zur Refinanzierung über Spareinlagen und Sparbriefe ihrer Kunden. Das hat zur Folge, daß der Darlehenszins eher von Schwankungen des Sparzinses abhängig ist. Außerdem werden meist nur variable Zinsen oder Festzinsen bis zu fünf Jahren vereinbart, da die Spareinlagen und Sparbriefe nicht so langfristig angelegt sind wie Pfandbriefe.

Einen immer größer werdenden Anteil am Finanzierungskuchen besitzen die Lebensversicherungsunternehmen. Die Versicherungsdarlehen sind den meisten noch unbekannt. Lebensversicherungen vergeben Darlehen mit festem Zins und ohne Tilgung, indem sie den Kauf- oder Bauwilligen zum Abschluß eines Lebensversicherungsvertrages bewegen. Die Versicherungssumme, die der vollen Darlehenssumme oder auch nur der Hälfte oder einem Drittel entspricht, dient also zusammen mit der im Laufe der Zeit aufgelaufenen Gewinn- oder Überschußbeteiligung dazu, die Darlehenssumme am Ende der Laufzeit der Versicherung auf einen Schlag abzulösen. Das Festdarlehen bleibt demnach immer auf gleicher Höhe, bevor es zur Ablösung fällig wird. Die Lebensversicherer tun also nichts anderes, als Gelder der Versicherten teilweise in Form von Hypothekendarlehen an andere, die ebenfalls Versicherte sein müssen, wieder auszuleihen.

Kurze Zusammenfassung:

- Lassen Sie sich nicht von Versprechungen wie »Bauen oder Kaufen ohne Eigenkapital« blenden!
- Sorgen Sie für ein ausreichendes Eigenkapitalpolster von mindestens 20 %, besser mehr!
- Ziehen Sie Eigenkapitalersatzmittel in Betracht!
- Wägen Sie Vor- und Nachteile von Bauspardarlehen ab!
- Vergleichen Sie die unterschiedlichen Anbieter von Hypothekendarlehen!
- Suchen Sie eine für Sie individuelle und maßgeschneiderte Finanzierungsvariante!

2. Ihr persönliches Finanzierungskonzept

Finanzieller Spielraum

Über das Einkommen spricht man nicht. Das ist bei uns – im Gegensatz zu anderen Ländern – eine landläufige Meinung. Aber spätestens beim Kreditgespräch mit Ihrer Bank heißt es »Karten auf den Tisch«. Die allererste Frage des Bankers lautet: »Wie hoch ist Ihr monatlicher Nettoverdienst?«
Einkommen oder Verdienste sind bei Arbeitnehmern die laufend gezahlten Löhne oder Gehälter. Der Einfachheit halber beschränke ich mich auf die Löhne. Nehmen wir einmal Bruttolöhne von 2 000 DM bis 8 000 DM, dann belaufen sich die Nettolöhne, wie die nachfolgende Tabelle zeigt, je nach Familienstand und Sozialversicherungspflicht auf Beträge zwischen 1 300 DM und 6 300 DM. Mit Hilfe der Tabelle können Sie sofort ablesen, wieviel Sie im Monat ungefähr netto verdienen, wenn Sie einen Bruttolohn zwischen 2 000 DM und 8 000 DM erzielen.
Nehmen wir hierzu ein Beispiel: Sie sind Angestellter, verheiratet, haben zwei Kinder, und bekommen einen Bruttolohn von 4 322 DM (dies entspräche dem Durchschnitt). Laut Tabelle verdienen Sie bei 4 000 DM brutto rund 2 800 DM netto, bei 4 500 DM aber rund 3 100 DM. Da Ihr tatsächlicher Bruttolohn näher bei 4 500 DM liegt, sollten Sie über den Daumen gepeilt mit 3 000 DM netto rechnen.
Entscheidend für jeden Banker und für Sie als Bau- oder Kaufwilligen ist der Nettolohn beziehungsweise das Familien-Nettoeinkommen im Monat. Bei einigen Banken gilt die Faustregel, daß die monatliche Belastung für Zinsen und Tilgung, also die Belastung aus dem Kapitaldienst,

Monatliche Brutto- und Nettolöhne (in DM)			
Bruttolohn	**Nettolohn**		
	ledig Arbeiter/ Angestellter	**verh., 2 Ki.** Arbeiter/ Angestellter	**verh., 2 Ki.** Beamter
2 000	1 300	1 600	1 900
2 500	1 600	1 900	2 300
3 000	1 900	2 200	2 700
3 500	2 100	2 500	3 100
4 000	2 300	2 800	3 500
4 500	2 500	3 100	3 800
5 000	2 700	3 400	4 200
5 500	2 900	3 700	4 500
6 000	3 100	4 000	4 900
6 500	3 500	4 400	5 300
7 000	3 800	4 700	5 600
7 500	4 100	5 100	6 000
8 000	4 300	5 400	6 300

nachfolgende Sätze in Prozent des Familien-Nettoeinkommens nicht überschreiten sollte:

- 30 Prozent vom Monatseinkommen bis 2 500 DM netto,
- 35 Prozent vom Monatseinkommen bis 3 000 DM netto,
- 40 Prozent vom Monatseinkommen über 3 000 DM netto.

Eine andere Regel besagt, daß die laufende Belastung aus dem Kapitaldienst mittelfristig nicht mehr als ein Drittel des Nettoeinkommens ausmachen sollte. Dies ist übrigens auch meine persönliche Meinung. Natürlich sind solche Regeln grob gestellt und sollten auch so angesehen werden. Entscheidend ist natürlich, daß Sie selbst genau aus-

rechnen sollten, was und wieviel Sie pro Monat zum Leben brauchen und wie hoch Ihre sonstigen Ausgaben sind. Zwar existieren Regelsätze, deren sich auch Banken bedienen und aus denen laut Statistik ersichtlich ist, wie hoch die Lebenskosten für Personen unterschiedlichsten Familienstandes sind. Ich persönlich würde darauf aber nicht viel geben, sondern an Ihrer Stelle hier sehr detailliert vorgehen und ein individuelles Budget, ähnlich wie ich es im zweiten Kapitel empfohlen habe, erstellen. Eine penible Ordnung der finanziellen Lage ist eigentlich jedem Bau- oder Kaufwilligen zu empfehlen, denn nur so bleibt die Zahlungsfähigkeit, Liquidität genannt, auch nach dem Eigentumserwerb erhalten. Die Liquiditätsanalyse sollten Sie in regelmäßigen Abständen wiederholen, um mögliche finanzielle Lücken aufzuspüren und dann zu stopfen (siehe auch zweites Kapitel »Finanzplanung«). Nachfolgend habe ich für Sie eine Vorlage erarbeitet, die Ihnen zur Errechnung Ihres Budgets weiterhilft.
Auf dem Weg zum Wohneigentum muß der Bau- oder Kaufinteressent eine Vielzahl von Informationen möglichst lückenlos erfassen, ordnen und bei Bedarf auch fortschreiben. Ihren persönlichen finanziellen Spielraum haben Sie nun bereits erfolgreich selbst abgesteckt. Nun geht es darum, zu berechnen, wie hoch die effektive Belastung für Sie in Wirklichkeit ist.

Tip: Gehen Sie hierbei bitte sehr sorgfältig vor. Dieser Muster-Kostenplan soll dazu dienen, durch seine ausführliche Darstellung von Einzelposten alle in Betracht zu ziehenden Kosten innerhalb und außerhalb der Baufinanzierung möglichst genau zu erfassen. Einem eventuellen Nachfinanzierungsbedarf, der dadurch entstehen kann, daß einzelne Positionen der Kostenkalkulation schlicht vergessen werden, soll dadurch vorgebeugt werden.

Ermittlung der tragbaren Belastung

		DM/Jahr	DM/Monat
1.	**Einkommen**	______	______
	● Nettoeinkommen	______	______
	● Sonstige Einnahmen	______	______
	● Ausgabefähiges Einkommen insgesamt:	______	______
2.	**Lebenshaltungskosten in der bisherigen Wohnung**	______	______
	● Wohnungsmiete einschließlich Nebenkosten	______	______
	● Bewirtschaftungskosten der Wohnung (Heizung, Strom usw.)	______	______
	● Nahrungs- und Genußmittel einschl. Kantine	______	______
	● Reinigungs- und Pflegemittel	______	______
	● Körper- und Gesundheitspflege, Friseur	______	______
	● Sport, Freizeit, Hobbys, Feste	______	______
	● Bekleidung, Schuhe	______	______
	● Schule: Lernmaterial, Fahrgeld usw.	______	______
	● Autokosten (Benzin, Reparaturen)	______	______
	● TV/Rundfunk	______	______
	● Telefon	______	______
	● Zeitungen, Bücher, Zeitschriften	______	______
	● Versicherungsbeiträge	______	______
	● Kleinkredite, Kontogebühren	______	______
	● Sparverträge	______	______
	● Rücklagen (Urlaub, Auto, Möbel, Haushaltsgeräte, Reparaturen, Wiederholungsdisagio, Renovierungen)	______	______
	● Taschengeld, Unterhaltszahlungen	______	______
	● Sonstiges	______	______
	Gesamtbetrag der Lebenshaltungsk.	– ______	– ______
3.	**Derzeit frei verfügbares Einkommen** (Differenz aus 1. und 2.)	______	______
4.	**Künftige Belastungsfähigkeit für Wohnen**	______	______
	● Wegfall der bisherigen Miete einschließlich Nebenkosten	+ ______	+ ______
	● Wegfall der bisherigen Bewirtschaftungskosten (z. B. Strom, Heizung)	+ ______	+ ______
	● Wegfall von Sparleistungen	+ ______	+ ______
5.	**Tragbarer Aufwand für Baufinanzierung:**	______	______

Im folgenden gebe ich Ihnen zwei Mustervorlagen an die Hand, mit denen Sie die Kosten , die auf Sie zukommen, Punkt für Punkt genauestens erfassen und festlegen können. Neubau und Erwerb einer gebrauchten Immobilie werden hier nicht getrennt behandelt. Beim Gebrauchterwerb fällt ein Großteil der im Kostenplan (Seite 139 f.) ausgeführten Positionen nicht an. Ansonsten besteht kein Unterschied zwischen Neubau oder Gebrauchterwerb. Nach der Erstellung eines genauen Kostenplans ist der nächste wichtige Schritt die Erarbeitung eines möglichst genau auf die individuellen Einkommens- und Vermögensverhältnisse Ihrer Familie zugeschnittenen Finanzierungsplans (Seite 141 f.). Ich kann Ihnen nur nochmals empfehlen: Geben Sie sich bei der Errechnung des persönlichen finanziellen Spielraumes die größte Mühe. Beschönigen Sie nichts! Rechnen Sie lieber pessimistisch als zu optimistisch, denn dann kann es im Falle einer Abweichung nur besser für Sie werden. Außerdem kann ich Ihnen aus Erfahrung sagen, daß Banken Sie wesentlich ernster nehmen, wenn sie sehen, daß Sie sich beim Berechnen Ihrer finanziellen Situation Mühe gegeben haben.

Finanzhilfen des Staates

Wohl jeder, der ein Haus oder eine eigene Wohnung besitzen möchte, hat schon von der besonderen steuerlichen Förderung für Wohneigentum gehört. Trotzdem sind steuerliche Behandlung und Steuervergünstigungen für viele sehr verwirrend. Erschwerend für den Privatmann und Laien kommt hinzu, daß unsere lieben Politiker ständig über Gesetzesänderungen und -neuerungen diskutieren. Einen kurzen Überblick über die Möglichkeiten, wie Ihnen Vater Staat unter die Arme greifen kann, gebe ich Ihnen nachfolgend. Darstellen möchte ich die neue steuerliche Förderung, die für solches Wohneigentum gilt, das nach dem 31. 12. 86 fertiggestellt oder erworben wurde.

Wer wird gefördert?

Jeder Steuerpflichtige, der nach dem 31. 12. 86 Wohneigentum fertiggestellt oder erworben hat, dieses Wohneigentum zu eigenen Wohnzwecken nutzt und noch nicht die bisher geltende steuerliche Regelung nach § 7 b Einkommensteuergesetz (EStG) in Anspruch genommen hat, kann diese steuerliche Förderung einmal in seinem Leben beanspruchen. Ehegatten, die nicht dauernd getrennt leben und beide uneingeschränkt steuerpflichtig sind (§ 26 Abs. 1 EStG), können die Steuervergünstigung für insgesamt zwei Objekte beanspruchen, wobei es auf die Eigentumsverhältnisse zwischen den Ehegatten nicht ankommt. Sollte einer der beiden Ehegatten – oder auch beide gemeinschaftlich – bereits einmal eine Förderung nach § 7 b EStG genutzt haben, so können diese Eheleute die Grundförderung nochmals für ein zweites Objekt in Anspruch nehmen.

> *Tip:* Einen Überblick über die steuerliche Förderung von Wohneigentum, das noch vor dem 1. 1. 87 fertiggestellt oder erworben wurde, bietet das Faltblatt »Wie hilft der Staat beim Bauen«. Sie können es beim Bundesbauminister, Deichmanns Aue, 5300 Bonn, anfordern.
> Außerdem empfehle ich Ihnen alle staatlichen Informationsschriften der Bundesregierung, die sich mit dem Erwerb oder dem Bau beschäftigen.

Allerdings ist auch bei Ehegatten die gleichzeitige Inanspruchnahme des § 10 e EStG für zwei in räumlichem Zusammenhang gelegene Objekte, wie beispielsweise zwei neben- oder übereinanderliegende Eigentumswohnungen, nicht möglich.

Kostenplan

I. Kosten der Baufinanzierung

		Kosten kalkuliert	Kosten endgültig
1.	**Baugrundstück**		
1.1	**Kaufpreis** gemäß notariellem Kaufvertrag	_____ DM	_____ DM
1.2	**Erwerbskosten**[1]		
	● Grundbuchamts- und Notargebühren (0,8 bis 1,5 %)	_____ DM	_____ DM
	● Grunderwerbsteuer (2 %)	_____ DM	_____ DM
	● Maklerprovision (ca. 3,5 %)	_____ DM	_____ DM
	● Vermessungskosten (ca. 0,3 %)	_____ DM	_____ DM
	● Sonstige Kosten (Bodenuntersuchungen, Grundbuchauszüge, Beglaubigungen usw.)	_____ DM	_____ DM
1.3	**Erschließungskosten**		
	● Erschließungskosten oder Anliegerbeiträge	_____ DM	_____ DM

1) In v. H. des Kaufpreises

		Kosten kalkuliert	Kosten endgültig
	● Kosten der (Haus-)Anschlüsse an das Versorgungsnetz		
	– Kanalanschluß	_____ DM	_____ DM
	– Wasseranschluß	_____ DM	_____ DM
	– Stromanschluß	_____ DM	_____ DM
	– Gasanschluß/Fernwärme	_____ DM	_____ DM
	– Kabelanschluß TV/Rundfunk	_____ DM	_____ DM
	– Telefon	_____ DM	_____ DM
1.4	**Kosten der Baureifmachung**	_____ DM	_____ DM
1.5	**Sonstiges**	_____ DM	_____ DM
2.	**Reine Baukosten**		
	● Hauptgebäude ______ m^3 umbauter Raum à DM ______ pro m^3 =	_____ DM	_____ DM
	● Nebengebäude/Garage	_____ DM	_____ DM

3. **Kosten der Außenanlagen**

- Wege, Hofbefestigung, Terrassen
  ______ m^2 à DM ______ = _____ DM _____ DM
- Einfriedungen _ lfd. m à DM __ _____ DM _____ DM
- Erdbewegungen (Planie), Anpflanzungen _____ DM _____ DM

4. **Baunebenkosten**

- Architektenhonorar (ca. 10 % der reinen Baukosten) _____ DM _____ DM
- Ingenieurleistungen (z. B. Statik) _____ DM _____ DM
- Baugenehmigungsgebühren _____ DM _____ DM
- Vermessungsgebühren _____ DM _____ DM
- Geldbeschaffungskosten _____ DM _____ DM
- Bereitstellungs- und Bauzeitzinsen _____ DM _____ DM
- Notar- und Grundbuchgebühren für Grundschuld- und Hypothekenbestellung _____ DM _____ DM
- Baustrom, Bauwasser _____ DM _____ DM
- Material für Eigenleistungen _____ DM _____ DM
- Versicherungskosten (Bauwesen, Bauherrenhaftpflicht, Unfall usw.) _____ DM _____ DM
- Richtfest, Sonstiges _____ DM _____ DM

Gesamtkosten _____ DM _____ DM

II. Kosten außerhalb der Baufinanzierung

- Umzugskosten _____ DM _____ DM
- Einbaumöbel, Gardinen u. a. _____ DM _____ DM

Finanzierungsplan und Ermittlung der laufenden Belastung

	Betrag/ Auszahlungs-summe DM	Höhe der laufenden Belastung DM/Jahr	DM/Monat
1. **Eigenmittel**			
● Bargeld, Spar- und Bau-sparguthaben	________		
● Eigenleistungen (Arbeitszeit, vorhandene Baustoffe)	________		
● Grundstück (soweit bezahlt)	________		
2. **Fremdmittel**			
● Hypothek (erstrangig)			
von ______			
Zins_____%_____Jahre fest		________	______
Tilgung____%		________	______
Auszahlungskurs_____%	________		
Effektivzins_____%			
● Hypothek (zweitrangig)			
von			
Zins_____%_____Jahre fest		________	______
Tilgung____%		________	______
Auszahlungskurs_____%	________		
Effektivzins_____%			
● Bauspardarlehen			
von			
Zins_____%_____Jahre fest		________	______
Tilgung____%		________	______
Gebühren____%		________	______
Auszahlungskurs_____%	________		
Effektivzins_____%			
● Öffentliche Baudarlehen			
von			
Zins_____%_____Jahre fest		________	______
Tilgung___%, Gebühren___%	________	________	______
Auszahlungskurs_____%	________		
Effektivzins_____%			
● Sonstige Darlehen			
von			
Zins_____%_____Jahre fest		________	______
Tilgung____%		________	______
Auszahlungskurs_____%	________		
Effektivzins_____%			

3. **Aufwand für Baufinanzierung:**	______	______
4. **Aufwandsminderung**		
● Staatliche Hilfen (z. B. Aufwendungsbeihilfen, Steuervergünstigungen)	– ______	– ______
● Mieteinnahmen	– ______	– ______
5. **Bewirtschaftungskosten**		
● Heizung (einschl. Wartung)	+ ______	+ ______
● Abgaben (Kanal, Müllabfuhr usw.)	+ ______	+ ______
● Versicherungen	+ ______	+ ______
● Rücklage für Instandhaltung	+ ______	+ ______
● Sonstiges	+ ______	+ ______
6. **Höhe der laufenden Belastung:**	______	______

[1] Teilweise sind öffentliche Baudarlehen als Eigenkapital-Ersatz anrechenbar.

Was wird gefördert?

Grundsätzlich kann nur das zu eigenen Wohnzwecken genutzte Wohneigentum gefördert werden. Hierbei spielt es keine Rolle, ob es sich um eine Eigentumswohnung oder um ein Einfamilienhaus handelt oder ob die selbstgenutzte Wohnung ein Teil des eigenen Zwei- oder Mehrfamilienhauses ist. Ausgenommen davon sind allerdings Wochenendhäuser und Ferienwohnungen.
Auch spielt es überhaupt keine Rolle, ob es sich um einen Neubau handelt oder um ein gebrauchtes Haus. Der Gesetzgeber macht hier keinen Unterschied. Käufe zwischen Eheleuten, die jedoch nicht dauernd getrennt leben, werden von der Förderung ausgeschlossen. Die einkommensteuerliche Förderung setzt sich zusammen aus

- der Grundförderung nach § 10 e EStG,
- der Kinderkomponente,

- der Abzugsfähigkeit von Aufwendungen vor dem Bezug.

Die Grundförderung nach § 10 e EStG

Im Rahmen der Grundförderung kann der Steuerpflichtige, der eine ihm gehörende Wohnung zu eigenen Wohnzwecken nutzt, 8 Jahre lang 5 % der »Bemessungsgrundlage« – höchstens jedoch 15 000 DM im Jahr – wie Sonderausgaben bei der Ermittlung des zu versteuernden Einkommens abziehen. Bemessungsgrundlage für die Förderung sind die Herstellungs- oder Anschaffungskosten des Gebäudes (bei Eigentumswohnungen des Gebäudeanteils) einschließlich der zur Wohnung gehörenden Garagen sowie die Hälfte der Anschaffungskosten des dazugehörigen Grund und Bodens. Der Abzugszeitraum beginnt für Bauherren im Jahr der Fertigstellung, das heißt, wenn die Wohnung bewohnbar wird. Dabei ist irrelevant, wenn einzelne Arbeiten, die auf die Bewohnbarkeit keinen Einfluß haben, noch nicht abgeschlossen sind. Bei Erwerbern beginnt der Abzugszeitraum im Jahr des Erwerbs. Unter dem Zeitpunkt des Erwerbs ist hier weder der Abschluß des notariellen Vertrages noch das Datum der Eintragung im Grundbuch zu verstehen. Maßgebend ist vielmehr der Zeitpunkt des Übergangs von Nutzungen und Lasten auf den Erwerber, der in der Regel bereits im Kaufvertrag festgelegt wird.
Für das jeweilige Jahr innerhalb des Abzugszeitraumes kann die Grundförderung nur dann in Anspruch genommen werden, wenn der Steuerpflichtige die Wohnung in diesem Jahr auch tatsächlich zu eigenen Wohnzwecken genutzt hat. Dabei ist allerdings nicht erforderlich, daß diese Nutzung während des ganzen Jahres vorgelegen hat; auch bei dem Einzug im Dezember und einem Auszug im Januar kann die Grundförderung für das betreffende Jahr in Anspruch genommen werden. Da der Abzugszeitraum in

jedem Falle im Jahr der Fertigstellung bzw. des Erwerbs – und nicht etwa des Einzugs – beginnt, verliert ein Steuerpflichtiger, der nicht bereits im Jahr der Fertigstellung oder des Erwerbs einzieht, einen Teil des Abzugszeitraums. Hierauf ist besonders zu achten, wenn der Termin für Fertigstellung oder Erwerb im Dezember liegt.

Bei der Berechnung der Bemessungsgrundlage für die Förderung der zu eigenen Wohnzwecken genutzten Wohnung ist zwischen Einfamilienhäusern und Eigentumswohnungen einerseits und Zwei- und Mehrfamilienhäusern andererseits zu unterscheiden: Bei Einfamilienhäusern und Eigentumswohnungen ist die nach § 10 e EStG begünstigte Wohnung mit dem Einfamilienhaus bzw. der Eigentumswohnung identisch. Bei Zwei- und Mehrfamilienhäusern kann nur eine Wohnung Gegenstand der Grundförderung sein. Dies gilt auch dann, wenn der Eigentümer und seine Familie mehr als eine Wohnung in dem Haus bewohnen. In einem solchen Fall muß er sich entscheiden, welche der Wohnungen die relevante Wohnung sein soll.

Ausbauten und Erweiterungen

Die Grundförderung kann auch für Ausbauten und Erweiterungen an einer selbstgenutzten Wohnung in Anspruch genommen werden – und dies unabhängig vom Alter des Gebäudes. Um dafür die Grundförderung in Anspruch nehmen zu können, muß also noch die Berechtigung für § 10 e EStG gegeben sein; die Inanspruchnahme für einen Ausbau oder eine Erweiterung führt dazu, daß die Grundförderung für kein weiteres Objekt mehr in Anspruch genommen werden kann. Bei Ehegatten, die die Vergünstigungen ja insgesamt zweimal in Anspruch nehmen können, ist es sogar möglich, daß z. B. bei einem Einfamilienhaus, das früher einmal nach § 7 b EStG gefördert wurde, jetzt ein Ausbau oder eine Erweiterung vorgenommen werden soll, wofür die Grundförderung nach

§ 10 e EStG in Anspruch genommen werden kann. Hierbei sind allerdings einige Einschränkungen zu beachten. Sie sollten sich daher in einem solchen Fall vorher fachkundig beraten lassen.

Übertragung der Grundförderung auf ein anderes Objekt

Wenn Sie die Vergünstigungen des § 10 e EStG nicht vollständig ausschöpfen können, weil Sie etwa vor Ablauf des achtjährigen Abzugszeitraums ausziehen, können Sie aber unter bestimmten Voraussetzungen den nicht ausgenutzten Abzugszeitraum unter bestimmten Voraussetzungen auf ein Folgejahr übertragen. Ein Verkauf des »alten« Objektes ist dabei nicht erforderlich. Die Übertragung nicht ausgenutzter Abzugsbeträge auf ein anderes Objekt ist dagegen nicht möglich.

Steuerersparnis aus der Grundförderung

Die Höhe der Steuerersparnis durch die Grundförderung hängt vom Jahresbetrag und der individuellen Steuerleistung ab. Je mehr Einkommen- oder Lohnsteuer Sie zahlen, desto stärker wirkt sich die Entlastung aus. Der Abzugsbetrag nach § 10 e EStG wird endgültig bei der jährlichen Veranlagung des Eigentümers zur Einkommensteuer berücksichtigt. Das bedeutet aber nicht, daß Sie die Steuerersparnis bis zur Durchführung der Veranlagung »vorfinanzieren« müssen. Als Arbeitnehmer können Sie den Abzugsbetrag als Freibetrag vom Finanzamt auf der Lohnsteuerkarte eintragen lassen. Die Veranlagung zur Einkommensteuer wird dadurch allerdings nicht überflüssig, sie ist für diese Fälle sogar gesetzlich vorgeschrieben. Andere Eigentümer als Arbeitnehmer (z. B. Selbständige) können den Abzugsbetrag bei der Bemessung von Vorauszahlungen zur Einkommensteuer berücksichtigen lassen.

Die Kinderkomponente

Mit der Neuregelung der steuerlichen Förderung des Wohneigentums wurde zugleich die Berücksichtigung von Kindern verbessert. Eigentümer mit Kindern, die die Grundförderung in Anspruch nehmen, können zusätzlich 600 DM pro Kind von der Steuerschuld abziehen. Ein Kind wird berücksichtigt, wenn die Voraussetzungen für die Gewährung des steuerlichen Kinderfreibetrages vorliegen. Außerdem muß das Kind zum Haushalt des Steuerpflichtigen gehören. Im Zuge der Steuerreform 1990 ist der Betrag von 600 DM auf 750 DM jährlich erhöht worden; diese Erhöhung gilt allerdings nur für Wohneigentum, das nach dem 31. 12. 89 fertiggestellt bzw. erworben wurde. Auch die Kinderkomponente kann bereits im Lohnsteuerverfahren geltend gemacht werden. Auf Antrag des Steuerpflichtigen trägt das Finanzamt auf der Lohnsteuerkarte einen Freibetrag in Höhe von 2 400 DM (bei Wohneigentum, das nach dem 31. 12. 89 fertiggestellt oder erworben wurde: 3 000 DM) pro Kind auf der Lohnsteuerkarte ein.

Aufwendungen vor Bezug

Die dritte Komponente der steuerlichen Förderung besteht in der Abzugsfähigkeit von Aufwendungen vor dem Bezug. Sie ist von den beiden anderen Komponenten – Grundförderung und Kinder – völlig unabhängig. Sie kann deshalb auch von solchen Steuerpflichtigen in Anspruch genommen werden, denen die Grundförderung nicht mehr zusteht.

Als Aufwendungen vor Bezug sind solche Aufwendungen zu berücksichtigen, die in unmittelbarem Zusammenhang mit der Herstellung oder Anschaffung stehen und vor dem erstmaligen Bezug der selbstgenutzten Wohnung anfallen. Hierzu zählen insbesondere Finanzierungskosten, wie das Disagio (siehe nächstes Unterkapital), Zinsen und sonstige Geldbeschaffungskosten (z. B. Notargebühren etc.). Für Erwerber von Gebrauchtimmobilien ist es wichtig, daß Renovierungsarbeiten, die sie vor dem Bezug durchführen lassen, ebenfalls als Aufwendungen vor Bezug abzugsfähig sein können. Es muß sich hier um Renovierungsarbeiten handeln, die steuerlich als Erhaltungsaufwand anzusehen sind; diese Aufwendungen dürfen in den ersten drei Jahren nach dem Erwerb insgesamt 20 % des Kaufpreises nicht übersteigen. Im Hinblick auf die in diesem Bereich auftretenden schwierigen Abgrenzungsfragen sollten sich Erwerber einer gebrauchten Immobilie, die umfangreichere Renovierungsarbeiten vorhaben, unbedingt beraten lassen.

Abschließender Hinweis

Es gibt darüber hinaus noch eine Reihe weiterer steuerlicher Aspekte, auf die ich hier nicht detaillierter eingehen kann, da diese den Rahmen des Buches sprengen würden. Auf alle Fälle sollten Sie sich vor einer endgültigen Entscheidung für ein Objekt intensiv informieren. Ich empfehle Ihnen eine Vorsprache bei Ihrem Finanzamt, einem Steuerberater oder einem Fachanwalt für Steuerrecht. Natürlich können Sie sich auch bei den Finanzierungsberatungsinstituten beraten lassen.

Ziele Ihres persönlichen Finanzierungskonzeptes

Sie kennen die alte Redensart »Drum prüfe, wer sich ewig bindet, ob er nicht was Besseres findet«? Die Entscheidung, ein Eigenheim zu bauen oder zu erwerben, treffen die meisten nur einmal im Leben und binden sich dadurch auch finanziell meist ein ganzes Leben lang. Die Prüfung bei einer solch langen Bindung sollte daher so gründlich wie möglich ausfallen. Nicht die Zinsen oder die Belastung im ersten oder zweiten Jahr sollten im Vordergrund stehen, sondern die langfristige Entwicklung von Belastung, Zinsen, Tilgung und Risikoabsicherung. Bevor Sie sich also in ein finanzielles Abenteuer mit unvorhersehbaren Folgen stürzen, sollten Sie eine Finanzierungsstrategie entwerfen, in der Ihre persönlichen und finanziellen Ziele optimal miteinander kombiniert werden. Ich empfehle Ihnen deshalb, bei Ihrer Finanzierung auf die nachfolgenden Ziele besonderen Wert zu legen:

Erstes Ziel:	Eine möglichst niedrige, auf Dauer problemlos tragbare monatliche Belastung.
Zweites Ziel:	Einen niedrigen Zinsaufwand für die Dauer Ihres Darlehens.
Drittes Ziel:	Eine schnelle Entschuldung.
Viertes Ziel:	Möglichst geringe finanzielle Risiken.

Erstes Ziel: niedrige monatliche Belastung

Auf die Tragbarkeit der Belastung kommt es in erster Linie an, so die gängige und auch richtige Meinung der Banker und Finanzstrategen. Aber Vorsicht: Belastung ist nicht gleich Belastung! Die meisten Banker sehen unter dem Begriff »Belastung« nur die Belastungen aus dem Kapitaldienst. Wie Sie eine solche Belastung errechnen und planen können, habe ich Ihnen bereits im ersten Teil dieses Kapitels ausführlich geschildert. Es kommen jedoch bei einem Bau- oder Kaufwilligen, der sein Eigenheim selbst bewohnen will, noch zusätzliche Ausgaben für Instandhaltungs- bzw. Betriebskosten hinzu. Eine Fehlplanung in der kalkulierten Anfangsbelastung und Belastungssteigerungen über die Zeit sind daher auch die Hauptursache für Zahlungsschwierigkeiten und spätere Zwangsversteigerungen. Machen Sie bitte hier keine Milchmädchenrechnung auf, sondern kalkulieren Sie die Fakten knallhart. Zur Erleichterung habe ich Ihnen die wichtigsten Punkte, auf die Sie achten sollten, nachfolgend aufgeführt.

Position	Ihre Werte
1. Ausgangsdaten	
● Haben Sie die Objektdaten (Haus oder Wohnung, Neubau oder Altbau, Grundstücksfläche bei Häusern, Wohnfläche des Hauses oder der Wohnung) ermittelt?	________
● Grundstücksgröße x Grundstückspreis ergibt die Grundstückskosten. Bei Bauherren gehören zu den Grundstückskosten auch die Anschaffungsnebenkosten (zum Beispiel Grunderwerbsteuer, Notar- und Grundbuchgebühren, eventuell Maklerprovision).	________
● Wohnfläche x Baukosten pro Quadratmeter Wohnfläche ergibt die Baukosten insgesamt.	________
● Haben Sie Grundstücks- und Baukosten addiert und die Gesamtkosten ermittelt? Enthält beim Kauf der Kaufpreis bereits die Anschaffungsnebenkosten?	________
● Wie hoch sind die Finanzierungskosten (zum Beispiel Bereitstellungszinsen, Wertschätzungsgebühren)?	________
● Haben Sie das Eigenkapital (einschließlich Bausparguthaben, sofern Mindestguthaben erreicht ist) notiert?	________
● Können Sie Arbeitgeberdarlehen (zum Beispiel zinslos, Tilgung in 12 $^{1}/_{2}$ Jahren, also Tilgungssatz 8 Prozent) einsetzen?	________
● Wie hoch ist das Bauspardarlehen, wenn das Mindestsparguthaben erreicht ist?	________
● Wie hoch ist das Hypothekendarlehen, wenn Sie Eigenkapital, Arbeitgeber- und Bauspardarlehen von den Gesamtkosten einschließlich Finanzierungskosten abziehen?	________
2. Belastung aus Kapitaldienst	
● Haben Sie beim Hypothekendarlehen aktuelle Zinssätze für 100 Prozent Auszahlung und 10jährige Zinsbindung eingesetzt (zum Beispiel 7 Prozent)?	________
● Haben Sie einen Tilgungssatz von 1 Prozent (bei Altbauten eventuell 2 Prozent) bei den Hypothekendarlehen berücksichtigt?	________
● Haben Sie die Zinsen (sofern nicht zinslos) und die Tilgung beim Arbeitgeberdarlehen berechnet (zum Beispiel 8 Prozent von der Darlehenssumme als jährliche Tilgung)?	________
● Haben Sie 4,5 Prozent an Zinsen und 7,5 Prozent an Tilgung (oder 5 Prozent Zinsen und 7 Prozent Tilgung) vom	

Bauspardarlehen berechnet, wenn dieses kurz vor der Zuteilung steht? Falls eine Zuteilung erst in mehreren Jahren erfolgt, müssen die Zinsen für die Zwischenfinanzierung, die von der gesamten Bausparvertragssumme berechnet werden, angesetzt werden. __________

- Jährliche Zinsen und jährliche Tilgung ergeben die jährliche Belastung aus Kapitaldienst. Teilen Sie diese durch 12, erhalten Sie die monatliche Belastung aus Kapitaldienst. __________

3. Monatliche Restbelastung

- Haben Sie für Betriebskosten des Hauses mindestens 3 DM monatlich pro Quadratmeter Wohnfläche berechnet? Bei Eigentumswohnungen müssen Sie mit 4 bis 5 DM rechnen, die genauen Beträge erfahren Sie aus dem Wirtschaftsplan oder der Jahresabrechnung des Hausverwalters. __________
- Haben Sie Instandhaltungskosten in Höhe von monatlich 1 DM pro Quadratmeter Wohnfläche berechnet und für die Zukunft (bei Neubauten nach 8 Jahren) vorgesehen? __________
- Müssen Sie – zum Beispiel bei Eigentumswohnungen – Verwaltungskosten an den Hausverwalter zahlen? Die Verwaltungskosten sind in dem monatlichen Hausgeld enthalten, allerdings nicht die Grundsteuer, die noch gesondert an die Stadtkasse abgeführt werden muß. Also umfassen bei Eigentumswohnungen die Bewirtschaftungskosten sowohl das Hausgeld als auch die Grundsteuer. __________
- Haben Sie Bausparbeiträge, die erforderlich sind, um das Mindestsparguthaben zu erreichen, berücksichtigt? Müssen Sie Bausparbeiträge als Gegenleistung für die Aussetzung der Tilgung bei einem Hypothekendarlehen leisten? Müssen Sie nachsparen, da Sie ein Bankvorausdarlehen aufgenommen haben? __________
- Haben Sie die Prämien für die Risikolebensversicherung angesetzt? Bei Bauspardarlehen wird diese Prämie in der Regel Ihrem Darlehenskonto belastet und führt nicht zu einer Erhöhung Ihrer Ausgaben, bei Hypothekendarlehen sollte unbedingt, sofern es sich um ein Tilgungsdarlehen einer Bank oder Sparkasse handelt, eine Risikolebensversicherung in Höhe der vollen Darlehenssumme abgeschlossen werden. __________
- Haben Sie die Steuerersparnis aus Arbeitshilfe 4 übertragen oder anhand der Einkommensteuertabelle berechnet? __________

- Haben Sie bewilligte Aufwendungsdarlehen als Belastungssenkung eingesetzt (mit abnehmenden Beträgen in den Folgejahren)? Wenn Aufwendungsdarlehen beantragt, aber noch nicht bewilligt sind, sind sie in Klammern einzutragen und noch nicht in der Berechnung der Restbelastung zu berücksichtigen. ________
- Gibt es für Sie sonstige Belastungssenkungen (zum Beispiel nicht rückzahlbarer Bauträgerzuschuß)? ________
- Haben Sie die Restbelastung für die ersten acht Jahre als dauerhafte Belastung ermittelt? Dauerhaft ist sie nur, wenn die Zinsen auf mindestens acht Jahre festgelegt sind und eine Änderung der Bewirtschaftungskosten (zum Beispiel Reparaturen bei Altbauten) nicht zu erwarten ist. ________
- Entspricht der Überschuß der Ausgaben über die Einnahmen in etwa der Belastbarkeitsgrenze? ________

Zweites Ziel: niedriger Zinsaufwand

Jeder Kreditnehmer, egal ob Privatmann oder Unternehmer, ist bestrebt, für die aufgenommenen Fremdmittel möglichst wenig Zinsen zu bezahlen, also das fremde Geld so billig wie möglich einzukaufen. Ob ein Kredit teuer ist oder nicht, muß aber nicht nur für die ersten Jahre untersucht werden, sondern sollte im langfristigen Vergleich festgestellt werden. Ein günstiger Kredit bedeutet also, langfristig die Kreditkosten auf ein Minimum zu begrenzen. Ein unschlagbarer Vorteil würde für Sie bedeuten, wenn Sie zum Beispiel auf ein zinsloses Arbeitgeberdarlehen zurückgreifen könnten oder ein solches zu besonders günstigen Zinsen bekommen würden.
Vorteile haben Sie selbstverständlich auch, wenn Sie – wie schon mehrfach dargelegt – auf ein Bauspardarlehen zurückgreifen können. Aber Vorsicht! Muß der Bausparvertrag zwischenfinanziert werden, weil u. U. die Zuteilung noch nicht vorliegt, liegen die Zinsen sehr viel höher. Es wird dann ein Bankdarlehen in Höhe der Bausparsumme, die fünf Drittel der Bausparsumme oder sogar das Doppelte des Bauspardarlehens beträgt, gewährt. Folglich

müssen auch für diese Gesamtsumme die teuren Zinsen bezahlt werden.

Eine besonders teure Art der Zwischenfinanzierung ist die sog. »Sofortfinanzierung«, bei der das Mindestsparguthaben sofort auf einen Schlag eingezahlt wird. Von einer solchen Finanzierungsform rate ich Ihnen ab!

Von einer Vorfinanzierung mit Hilfe von Bankvorausdarlehen, die bei noch nicht erreichtem Mindestsparguthaben oder sogar bei noch nicht vorhandenen Bausparverträgen gewährt werden, möchte ich dann abraten, wenn die Belastung aus geringerem Zins und sehr hoher Regelsparrate für den Bausparvertrag von Ihnen nicht aufgebracht werden kann. Vorsicht also bei solchen von Versicherungs-, Bauspar- und Bankvertretern gerne angepriesenen schillernden Finanzierungsgebäuden.

Nehmen wir einmal an, Sie würden sich nun für ein Hypothekendarlehen entscheiden. Die von den Hypothekenbanken angebotenen Darlehen beinhalten jedoch eine lange Zinsfestschreibung, auch Zinsbindungsfrist genannt. Finanzierungsmakler oder Banker sind um alternative Vorschläge nie verlegen. Schnell wird Ihnen vorgerechnet, daß bei einer kürzeren Zinsfestschreibungspflicht der jährliche Zinssatz sinken kann. Das ist zwar richtig, aber Vorsicht ist dennoch geboten. Mit einer Verkürzung der Zinsbindungsfrist wird nur der Zins- und Belastungsaufwand für die jetzt geringere Anzahl von Jahren gesenkt. Steigen jedoch die Zinsen nach Ablauf dieser kürzeren Zinsbindungsfrist, wird dieser anfängliche Zinsvorteil durch einen späteren Zinsnachteil wieder aufgehoben. Eine Verkürzung der Zinsbindung geht leider immer einher mit einem größeren Zinsrisiko.

Ich empfehle Ihnen, sich von Ihren Finanzierungsanbietern immer einen Zins- und Tilgungsplan mit Angabe der verbleibenden Restschuld vorlegen zu lassen. Ein Beispiel für einen solchen Zins- und Tilgungsplan gebe ich auf der folgenden Seite. Vor allem in Zeiten eines allgemein

Tip: Wenden Sie sich auch hierbei an erfahrene, seriöse und wenn möglich unabhängige Berater. Trachten Sie immer danach, daß Ihre Zinsbelastung durchschnittlich während der gesamten Laufzeit möglichst gering bleibt. Merken Sie sich bitte, allein die Zinsen sind der Preis, den Sie für Ihre Finanzierung bezahlen müssen. Vergleichen Sie die Zins- und Tilgungspläne unterschiedlicher Anbieter, und suchen Sie sich den für Sie günstigsten aus.

hohen Zinsniveaus sollte die Zinsbindung kürzer ausfallen.
Respektive sollte diese länger sein, wenn ein allgemein niedriges Zinsniveau herrscht.
Sie haben bei der Aufnahme von Hypothekendarlehen die Wahl zwischen Darlehen, die zu 100 % ausgezahlt werden, und Darlehen mit etwas niedrigerem Zins, bei denen dafür ein Abschlag, das sog. »Disagio« oder »Damnum«, einbehalten wird. Trotz eines Abschlages von z. B. 10 % bei der Auszahlung müssen Sie aber 100 % zurückzahlen. Wenn Sie einen bestimmten Kreditbedarf haben, so müssen Sie aufgrund dieses Auszahlungsverlustes den Kreditvertrag über eine höhere Summe abschließen oder ein zusätzliches Tilgungsstreckungsdarlehen einbauen lassen. Allerdings ist der laufende Nominalzins bei Vereinbarung eines solchen Disagios niedriger, da neben dem Nominalzins noch der Auszahlungsverlust zählt.
Bei der Auswahl eines Kredits sollten Sie die steuerliche Behandlung des Disagios berücksichtigen. Ein Disagio, das vor Bezug der Wohnung entfällt, kann sofort und in voller Höhe vom zu versteuernden Einkommen abgesetzt werden. Wenn es Ihnen also steuerlich möglich ist, sollten Sie ein Darlehen mit dem höchsten steuerlich berücksichtigungsfähigen Disagio von 10 % wählen.

Zins- und Tilgungsplan

Jahre	Darlehen – Tilgung = Rest- schuld	7% Zinsen +	1% Tilgung =	8% Annuität
	160 000 DM	11 200 DM	1 600 DM	12 800 DM
1	– 1 600 DM			
	158 400 DM	11 088 DM	1 712 DM	12 800 DM
2	– 1 712 DM			
	156 688 DM	10 968 DM	1 832 DM	12 800 DM
3	– 1 832 DM			
	154 856 DM	10 840 DM	1 960 DM	12 800 DM
4	– 1 960 DM			
	152 896 DM	10 703 DM	2 097 DM	12 800 DM
5	– 2 097 DM			
	150 799 DM	10 556 DM	2 244 DM	12 800 DM
6	– 2 244 DM			
	148 555 DM	10 399 DM	2 401 DM	12 800 DM
7	– 2 401 DM			
	146 154 DM	10 231 DM	2 569 DM	12 800 DM
8	– 2 569 DM			
	143 585 DM	10 051 DM	2 749 DM	12 800 DM
9	– 2 749 DM			
	140 836 DM	9 859 DM	2 941 DM	12 800 DM
10	– 2 941 DM			
	137 895 DM	**105 895 DM**	**22 105 DM**	**128 000 DM**

Anmerkung: Es wurde ein Darlehen von 160 000 DM zugrunde gelegt. Die Zinsbindungsfrist beläuft sich auf 10 Jahre, der Zinssatz beträgt 7 % und die jährliche Tilgung 1 %. Die von Jahr zu Jahr sinkenden Zinsen mögen Sie vielleicht überraschen. Die Zinsen werden grundsätzlich nur von der jeweiligen Restschuld berechnet. Also sinken mit der verbleibenden Restschuld auch die Zinsen. Da aber die jährliche Belastung für Zins und Tilgung (auch Annuität genannt) gleichbleiben soll, wird die Zinsersparnis für eine höhere Tilgung verwendet. Die Tilgung vollzieht sich also in Wirklichkeit schneller, als der Tilgungssatz von 1 % ausdrücken kann. Beachten Sie bitte die Summe der Zinsen, die Sie in diesem Falle an die Bank bezahlen würden!

Drittes Ziel: schnelle Entschuldung

»Zeit ist Geld.« Dieser Spruch trifft auf die Frage der Tilgungsdauer voll zu. Je länger die Tilgung dauert, desto teurer wird der Kredit, da der Gesamtzinsaufwand ansteigt. Hohe Disagien führen beispielsweise zu höheren Restschulden am Ende der Zinsfestschreibungszeit und damit natürlich zu einer relativ langsameren Entschuldung. Sie werden sich fragen, in wieviel Jahren denn ein Annuitätendarlehen eigentlich zurückgezahlt ist? Diese Frage ist nur dann ohne Probleme zu beantworten, wenn Sie einen Festzinssatz über die gesamte Laufzeit annehmen, ebenso einen gleichbleibenden Tilgungssatz. Die Übersicht auf Seite 156 gibt die Tilgungsdauer in Jahren in Abhängigkeit von bestimmten ausgewählten Zins- und Tilgungssätzen an.
Diese Tabelle gilt für jährliche Tilgungsverrechnung und vierteljährliche Zins- und Tilgungszahlung, die Jahresangaben sind gerundet.
Eine Verkürzung der Tilgungsdauer und damit eine schnellere Entschuldung läßt sich prinzipiell auf drei Arten erreichen: mit einem erhöhten Tilgungssatz bei einem Tilgungsdarlehen, mit der Kombination Tilgungsaussetzung/Bausparvertrag oder der Kombination Festdarlehen/Lebensversicherung. Dies erfordert jedoch üblicherweise eine höhere Belastung in den ersten Jahren. Eine Mehrbelastung tritt bei der Kombination Tilgungsaussetzung/Bausparvertrag dann nicht ein, wenn Sie Wohnungsbauprämien des Staates und vermögenswirksame Leistungen des Arbeitgebers zur Auffüllung des Bausparguthabens nutzen können.
Beim Abschluß eines neuen Bausparvertrags oder einer neuen Lebensversicherung kommt es ganz entscheidend auf die Wahl der jeweils günstigsten Bausparkasse und der leistungsfähigsten Lebensversicherung an. Bei dem Vergleich von Bausparkassen sollten Sie ganz besonderes Au-

Tilgungsdauer bei Darlehen

Zinssatz	Tilgungssatz 1 %	2 %	3 %	7 %	7,5 %
			Laufzeit in Jahren		
4,5 %	38,7	27,0	21,0	11,5	10,9
5,0 %	36,7	25,7	20,2	11,2	10,7
5,5 %	35,0	24,7	19,5	11,0	10,5
6,0 %	33,5	24,0	19,0	10,7	10,2
6,5 %	32,0	23,0	18,5	10,5	10,0
7,0 %	30,7	22,2	18,0	10,3	9,8
7,5 %	29,7	21,7	17,5	10,2	9,7
8,0 %	28,7	21,0	17,0	10,0	9,6
8,5 %	28,0	20,4	16,6	9,8	9,4
9,0 %	27,1	20,0	16,2	9,7	9,3

genmerk auf die Wartezeit bis zur Zuteilung legen, beim Vergleich von Lebensversicherungen auf die Höhe der Überschußbeteiligung achten. Wie Sie ja schon wissen, können Sie Kredite mit Zinsfestschreibung erst nach Ablauf dieser Periode kündigen. Wenn Sie das Darlehen also vor Ablauf der Zinsbindungsfrist zurückzahlen wollen – aus welchen Gründen auch immer –, kann es Ihnen passieren, daß diese »Sondertilgung« von Ihrer Bank abgelehnt wird. Oftmals läßt man dies zwar zu, berechnet Ihnen

> *Tip:* Drängen Sie vor dem Abschluß eines Kreditvertrags bei Ihrer Bank darauf, daß Sondertilgungen zugelassen werden.

jedoch eine Vorfälligkeitsentschädigung von durchschnittlich 1 bis 2 % von der Restschuldsumme.
Bei Darlehen mit variablem Zins, die nur in einer Hochzinsphase empfehlenswert sind, können Sie ohne Probleme mit einer Wartezeit von 1 bis 3 Monaten kündigen.

Viertes Ziel: geringe finanzielle Risiken

Jeder Bau oder Kauf bringt natürlich auch finanzielle Risiken mit sich. Gegen Risiken, wie z. B. Berufsunfähigkeit und Tod, kann man sich oder seine Hinterbliebenen absichern (hierzu lesen Sie auch Kapitel »Versorgung/Versicherungen«). Bei rein wirtschaftlichen Risiken, wie steigenden Zinsen, fallenden Immobilienpreisen oder sinkenden Einkommen – im schlimmsten Fall Arbeitslosigkeit –, gibt es jedoch keine Versicherung, auf die man das Risiko abwälzen kann. Das wirtschaftliche Risiko eines Haus- oder Wohnungseigentümers kann man ebensowenig versichern wie das allgemeine Risiko eines Unternehmers. Als Selbstnutzer sollte für Sie erstes Gebot sein, sich so abzusichern, daß Ihre Familie im Todesfall das Haus weiter halten kann. Das kann geschehen durch Abschluß einer Risiko-Lebensversicherung in Höhe der aufgenommenen Verbindlichkeiten. Dasselbe gilt für den Fall, daß Sie als alleiniger oder Hauptverdiener Sorge dafür tragen, daß im Falle einer Berufs- oder Erwerbsunfähigkeit Ihr Einkommen durch eine entsprechende Versicherung weiterhin gesichert ist.

Tip: Sprechen Sie mit einem vertrauenswürdigen Versicherungsmakler. Viele Versicherungsgesellschaften halten Tarife bereit, die ganz speziell für eine solche Absicherung maßgeschneidert wurden. Auch seriöse Finanzierungsberatungsunternehmen helfen Ihnen hier weiter.

Wenn Sie die Kombination Festdarlehen/Lebensversicherung wählen, erübrigt sich der zusätzliche Abschluß einer Risikoversicherung, da der Todesfallschutz über die Lebensversicherung voll gegeben ist. Ebenso können Sie – wenn nicht schon vorhanden – eine Absicherung gegen Berufsunfähigkeit mit einbauen.

Bei der Variante Bausparvertrag/Tilgungsaussetzung bieten die meisten Bausparkassen ebenfalls eine sehr günstige Möglichkeit zum Abschluß einer Risiko-Lebensversicherung an. Sprechen Sie Ihren Berater darauf an!
Eine Absicherung gegen steigende Zinsen gibt es natürlich nicht. Wie ich schon ausführte, sollten Sie in Niedrigzins-Perioden ein Darlehen mit langer Zinsbindung wählen, respektive in Hochzins-Perioden ein Darlehen mit kürzerer Zinsbindung.

3. Praktische Tips für den Weg zur eigenen Immobilie

Sinnvoller Aufbau eigenen Vermögens

Wie Sie ein eigenes Vermögen sinnvoll und effektiv aufbauen können, habe ich Ihnen ja schon ausführlich im Kapitel »Vorteilhafte Kapitalanlagen« geschildert. Ich kann mich an dieser Stelle also kurzfassen.
Für sehr wichtig halte ich die Tatsache, daß Sie maximal 80 % der zu finanzierenden Summe mit Fremdmitteln decken sollten. Schaffen Sie sich durch konsequentes Ansparen ein solides Eigenkapitalfundament.

Was ist beim Immobilienkauf zu beachten?

Die Suche nach einem geeigneten Grundstück oder einem Haus wird erleichtert, wenn sie die Dienste eines Immobilienmaklers in Anspruch nehmen. Aber auch hier Vorsicht! Makler ist nicht gleich Makler! Wenden Sie sich an ein seriöses und angesehenes Maklerbüro, zum Beispiel an ein Tochterinstitut einer Bank oder einer Bausparkasse. Makler haben im allgemeinen einen recht guten Marktüberblick und verfügen unter Umständen über ein reichhaltiges Angebot von Objekten. Hat man den Makler nicht nur zum Nachweis von Objekten, sondern auch zur Vermittlung des Kaufvertrages beauftragt, so berät ein guter Makler Käufer und Verkäufer bei der Abfassung eines Kaufvertrages. Deshalb sage ich: nur einen seriösen Makler aufsuchen!

Die sich im Laufe weniger Jahre verändernden Anforderungen der Kinder an ihre Wohnwelt sind nur ein Beispiel dafür, wie sich die Vorstellungen der Familie von der idealen Wohnung innerhalb kurzer Zeit verändern können. Bei jeder Erwerbsentscheidung sollte man deshalb überlegen, inwieweit das in Frage kommende Objekt geeignet ist, diesen sich verändernden Anforderungen gerecht zu werden. Zuerst gibt es nur ein oder zwei kleine Kinder, später wächst die Kinderzahl. Die Heranwachsenden möchten mehr und abgetrennten Wohnraum. Dann werden die Kinder flügge und gründen an anderer Stelle ihre eigene Familie. Vielleicht soll auch in naher Zukunft ein Verwandter aus der älteren Generation aufgenommen werden. Häufig sinkt das Einkommen nach dem Eintritt in den Ruhestand. Zimmer, die früher von den Kindern bewohnt wurden, können dann vermietet werden. Solche und andere Kriterien müssen Sie berücksichtigen!

Diese veränderten Anforderungen können am besten bei Objekten befriedigt werden, die es ermöglichen, einzelne Zimmer oder eine zweite Wohnung mit der Hauptwohnung zu verbinden und später wieder abzukoppeln. Sie sollten auch daran denken, daß das Haus eventuell auch von älteren Menschen bewohnt werden muß. Sie selbst werden älter und sind später vielleicht nicht mehr so beweglich wie heute. Außerdem sollten Sie immer berücksichtigen, daß Sie Ihre Immobilie irgendwann einmal verkaufen könnten.

Wenn Sie ein Eigenheim bauen wollen, so brauchen Sie dafür zuallererst einmal ein Grundstück. Dieses zu finden ist schwerer, als Sie vielleicht glauben. Die meisten Famili-

en haben etwa folgende Vorstellungen: Das Haus muß etwa 100 bis 130 m^2 Grundfläche haben. Um das Haus muß man herumgehen können, und der Grundriß sollte großzügig sein. Dann braucht man aber schon ein Grundstück von mindestens 500 m^2. Ein solches Grundstück läßt sich aber in der vertrauten städtischen Umgebung oder am Stadtrand nicht finanzieren. Für Familien, die weite Pendlerwege zwischen Umland und Stadt, den Zwang zum Zweitwagen und die unzureichende soziale Anbindung an die Stadt nicht in Kauf nehmen wollen oder können, ist daher das Stadthaus eine echte Alternative zum herkömmlichen freistehenden Einfamilienhaus. Reihenhäuser und andere verdichtete Flachbauweisen lassen sich auf Grundstücken von 150 bis 300 m^2 realisieren. Diese Idee ist alt, wird aber seit kurzem aufgrund der enorm hohen Grundstückspreise wiederentdeckt.
Erlauben Sie mir bitte an dieser Stelle ein persönliches Wort: Ich selbst mußte aufgrund familiärer Umstände eine Zeitlang in einem solchen Reihenhaus wohnen. Ich würde das nie wieder tun! Wenn Sie ein Typ sind wie ich, wenn Sie Ihre persönliche Freiheit brauchen, ein gewisses Maß an Anonymität genießen wollen, dann lassen Sie die Finger von einem Reihenhaus!
Wenn Sie sich für einen Altbau in der Stadt interessieren, werden Sie bald merken, daß das Haus oder die Wohnung häufig noch ganz oder teilweise vermietet ist. Grundsätzlich gilt: Kauf bricht nicht Miete. Als Erwerber treten Sie als neuer Eigentümer in alle Rechte und Pflichten aus dem alten Mietverhältnis ein.
Wenn ein Haus, das man kaufen oder in das man selbst einziehen möchte, ganz oder teilweise vermietet ist, kann es – muß aber nicht – Probleme geben. Der Erwerber kann zunächst nur in eine freie Wohnung einziehen. Benötigt er weiteren Wohnraum, muß er warten, bis eine Wohnung frei wird, es sei denn, er einigt sich mit den Mietern. Eine Kündigung wegen Eigenbedarf des neuen Vermieters ist

nur dann möglich, wenn er selbst oder seine Familienmitglieder die Wohnung benötigen. Den Erwerb eines vermieteten Hauses oder einer Wohnung sollte man sich daher im Hinblick auf die beabsichtigte Eigennutzung sehr genau überlegen.
Vielleicht wollen Sie auch ein Haus kaufen, das baugeschichtlich besonders wertvoll ist. Die für den Denkmalschutz zuständige Behörde stellt fest, ob dieses Haus schon in die Denkmalliste eingetragen ist oder eine solche Eintragung in Betracht kommt. Mit dem Denkmalschutz sind Auflagen, aber natürlich auch Vorteile verbunden. Bei gewünschten baulichen Veränderungen muß das zuständige Landesdenkmalamt gehört werden und seine Zustimmung erteilen. Bei den meisten Häusern besteht allerdings lediglich die Pflicht, die vordere Fassade sowie das Dach mit seinen Aufbauten zu erhalten. Für die Wiederherstellungskosten von denkmalgeschützten Gebäuden werden übrigens besondere Steuervergünstigungen gewährt, wenn diese Kosten nach Art und Umfang zur Erhaltung des Gebäudes als Baudenkmal und zu einer sinnvollen Nutzung erforderlich sind. Letzteres muß die Stelle bestimmen, die nach Landesrecht für den Denkmalschutz zuständig ist.

Worauf es beim Grundstück ankommt

Wer ein Eigenheim bauen will, muß sich zunächst ein baureifes Grundstück beschaffen. Je nach Wohnort entsteht ein erheblicher Zeitaufwand für die Grundstückssuche. Oftmals lohnt es sich, bei der Gemeindeverwaltung danach zu fragen, ob baureife Grundstücke angeboten werden oder wo mit der Erschließung zu rechnen ist. die Preise schwanken entsprechend der Qualität des Grundstücks und der Nachfrage regional sehr stark. Statistische Durchschnittswerte für baureifes Land sind nur wenig hilfreich, weil sie die lokalen Besonderheiten nicht berücksichtigen.

Tip: Einen Preisüberblick verschaffen Sie sich z. B. bei den Gutachterausschüssen für Grundstückswerte bei Städten und Gemeinden, oder wenden Sie sich an Mitglieder (Makler) des Rings Deutscher Makler.

Neben der Grundstücksgröße spielen vor allem noch die Verkehrslage, Nachbarschaftslage, Wohn-, Geschäfts- und Gewerbelage sowie Umwelteinflüsse eine Rolle. Schließlich ist auch noch zu berücksichtigen, ob und in welchem Umfang Erschließungsbeiträge bzw. andere Leistungen zu erbringen sind. Der Wert eines Grundstücks bestimmt sich weiterhin nach seinen sonstigen Eigenschaften einschließlich der rechtlichen Gegebenheiten. Dabei stehen die zulässige Bebauung nach Art und Maß und die Lage des Grundstücks an erster Stelle. Zunächst muß geklärt werden, ob und auf welche Weise das Grundstück bebaubar ist. Aus all diesen Eigenschaften und Nutzungsmöglichkeiten ergibt sich dann der Verkehrswert des Grundstücks.

Tip: Sehen Sie beim Bauamt der Gemeinde oder des Stadt- bzw. Landkreises den Flächennutzungsplan und den Bebauungsplan ein. Daraus sind die gerade genannten Punkte ersichtlich.

Der Kauf vom Bauträger

Zunächst einmal nimmt Ihnen ein Bauträger die gesamte Organisation des Bauablaufes ab. Sie brauchen sich also nicht selbst mit den einzelnen Handwerkern auseinanderzusetzen, sondern können dies beruhigt Ihrem Bauträger überlassen. Wenn Sie von einem Bauträger kaufen, können Sie in vorher festgelegten Raten jeweils einen Prozentsatz des Kaufpreises bezahlen. Das erleichtert Ihnen auch die bankmäßige Abwicklung. Im Normalfall wird Baugeld in wenigen Raten ausgezahlt. Die Handwerkerrechnungen kommen aber dann, wenn das jeweilige Gewerk erledigt ist. Insofern haben Sie es leichter, wenn Sie mit dem Bauträger einen Zahlungsplan ausarbeiten können, der in etwa der Zahlungsweise Ihrer Bank entspricht. Die meisten Bauträger bieten Erwerbern einheitliche Gewährleistungsfristen an, unabhängig davon, welche Gewährleistungsfristen die ausführenden Handwerker gewähren. Einige Bauträger bieten z. B. fünf Jahre Gewährleistung auch dann, wenn die Handwerksunternehmen für die gleiche Leistung nur ein oder zwei Jahre Gewährleistung gewähren.

Solche Leistungen müssen Sie aber auch bezahlen. Je nachdem, welche Leistungen der Bauträger übernimmt, macht der Anteil der Bauträgerkosten etwa 5 bis 15 % aus. Rechte und Pflichten von Bauträgern sind in der Makler- und Bauträgerverordnung geregelt. Darin sind z. B. Sicherheitsleistungen, wie etwa Anzahlungen, festgelegt. Um den Antraggeber, der dem Bauträger zur Vorbereitung oder Durchführung des Bauvorhabens Geld zur Verfügung stellt, gegen den Verlust dieses Geldes zu schützen, werden in der Makler- und Bauträgerverordnung bestimmte Regeln über die Zahlung nach Baufortschritt, getrennte Vermögensverwaltung und sonstige Sicherungspflichten festgelegt. Darauf sollte bei der Vertragsgestaltung geachtet werden. In jedem Fall sollten Sie daran

denken, daß außer dem Festpreis eines Bauträgers meist noch weitere Kosten auf Sie zukommen. Sie sollten überlegen, welche Leistungen vom Bauträger versprochen werden und welche Sonderwünsche Sie noch haben. Vergessen Sie auch nicht die mit dem Eigentumsübergang verbundenen Gebühren für Notar und Grundbuch usw.
Welche Möglichkeiten man nun wählt, bleibt jedem selbst überlassen. Auf alle Fälle sollten Sie sich genauestens informieren. Besorgen Sie sich z. B. das Informationsmaterial, das der Bundesbauminister herausgibt, das Sie kostenlos beim Presse- und Informationsdienst der Bundesregierung anfordern können. Dort finden Sie auch detailliertere Informationen, als ich Sie Ihnen hier geben kann, über die Vor- und Nachteile des Kaufs vom Bauträger.
Wenn Sie dagegen lieber in eigener Regie bauen wollen, müssen Sie sich mit einem Architekten in Verbindung setzen, der Ihnen Ihr Haus plant und vielleicht auch noch den Bau überwacht.

Der Vertrag mit einem Architekten

Wenn Sie mit einem Architekten einen Vertrag über die Planung eines Hauses oder über die Bauüberwachung abschließen, sollten Sie die folgenden Tips beachten (diese Tips sind auch dann nützlich, wenn Sie vom Bauträger kaufen, weil der Bauträger in diesem Fall die Architektenleistungen übernimmt):

1. Um keine Mißverständnisse auch während der Vorverhandlungen aufkommen zu lassen, sollten alle mündlichen Vereinbarungen über Leistungen und das erwartete Honorar immer schriftlich bestätigt werden.
2. Die Architektenkammern haben Vertragsmuster entwickelt, die bei der Abfassung des Vertrages mit dem gewählten Architekten sinnvoll sind. Dies gilt auch für den Fall, daß der Architekt nur eine Teilleistung (z. B.

die Planung) erbringt, während ein fachkundiger Bauherr die Bauleistung weitgehend selbst übernimmt.

3. Der Architekt wird nach der HOAI (Honorarordnung für Architekten und Ingenieure) bezahlt. Sie führt detailliert die vom Architekten zu erbringenden Leistungen wie z. B. Planung und Bauüberwachung auf und sieht für die Honorierung Mindest- und Höchstsätze vor. Ohne schriftliche Vereinbarung steht dem Architekten das Mindesthonorar nach der HOAI zu.
4. Nach HOAI ist das Architektenhonorar an die Höhe der Baukosten gekoppelt. Daher ergibt sich zunächst kein Anreiz für den Architekten, die Baukosten niedrig zu halten. Im Gegenteil, wenn sich der Architekt besonders bemüht, eine sparsame Bauweise zu realisieren und die Baukosten möglichst niedrig zu halten, so fällt auch sein Honorar bei den üblichen Vereinbarungen niedriger aus.

Zu Bemühungen um Kosteneinsparungen im üblichen Rahmen ist der Architekt ohnehin verpflichtet. Eine genauere Kostenanalyse ist aber mit erheblichem zusätzlichem Aufwand für den Architekten verbunden. Um den Architekten entsprechend zu motivieren, ist es deshalb zu empfehlen, eine solche besondere Leistung auch zusätzlich zu honorieren. Gerade die jüngste Erfahrung hat gezeigt, daß gegenüber der sonst üblichen Planungspraxis erhebliche Einsparungsmöglichkeiten bei den Baukosten gegeben sind. Die Beauftragung eines in der Kosteneinsparung erfahrenen Architekten lohnt sich deshalb in jedem Falle. Angesichts der hohen Kosten eines Neubaus ist ein auf diese Weise verwandtes Architektenhonorar immer ein gut angelegtes Geld.

> *Tip:* Besorgen Sie sich auch über dieses Thema einschlägiges Informationsmaterial, um für einen Architektenbesuch bestens gerüstet zu sein.

Wie Sie beim Bauen Kosten sparen können

Über Höhe und Zusammensetzung der Kosten eines Neubaus, eines Umbaus oder einer Modernisierung sollten Sie sich vorher immer einen genauen Überblick verschaffen.
Um nichts zu vergessen, was beim Bauen Kosten verursacht, sollten Sie einen Kostenplan aufstellen. Die Summe aller einzelnen Kostenarten ergeben dann die Gesamtkosten.
In vielen Projekten wurde die Erfahrung gemacht, daß sich bei nur geringfügigen Einschränkungen in der Wohnqualität Baukosteneinsparungen von bis zu einem Drittel erreichen lassen. Ansätze dazu bieten folgende Bereiche:

1. Grundstück und Bauform

Gute Einfamilienhäuser lassen sich auch auf kleinen Grundstücken errichten. Bei hohen Grundstückspreisen können Sie hier beträchtliche Einsparungen erzielen, sowohl beim Kaufpreis für das Grundstück als auch bei den Erschließungskosten. Die bei Einfamilienhäusern üblichen unterschiedlichen Bauformen erfordern auch verschieden große Grundstücke. Das freistehende Einfamilienhaus braucht im Vergleich zu verdichteten Bauformen die größte Grundstücksfläche, in der Regel mindestens 450 m^2.
Da die in der Praxis angebotenen Grundstücke nicht nach Mindestgrößen, sondern nach den örtlichen Gegebenheiten zugeschnitten sind, fallen sie oftmals noch größer aus.
Deutlich geringere Grundstücksflächen erfordert das Doppelhaus, das eine gemeinsame Wand mit dem Nachbarn hat, noch geringere das Reihenhaus.

2. Hausform und Ausstattung

Die reinen Baukosten können beträchtlich niedriger ausfallen als üblich, wenn beim Entwurf des Hauses darauf geachtet wird, daß mit konstruktiv einfachen Lösungen gebaut wird. Das heißt im einzelnen: keine großen Spannweiten, kein Unterfangen, keine Auskragungen, einfache und klare Grundrisse, möglichst glatte Baukörper ohne Vorsprünge in der Außenfassade, die wegen der erforderlichen Wärmedämmung teuer sind. Kostensparend ist auch eine möglichst große Bautiefe des Hauses, weil dadurch der Anteil der teuren Außenfassade geringer wird. In der schlechter belichteten Innenzone des Hauses könnten Abstell- und Schrankräume, Sanitärräume und eventuell die Küche untergebracht werden, die durch den vorgelagerten Eßbereich belichtet und belüftet werden kann. Auch beim Ausbau sollten sie überlegen, ob Sie nicht zunächst einfachere Lösungen bevorzugen, die Sie ja später erweitern können. Bei zwei- bis dreigeschossigen Reihen- oder Stadthäusern können Sie ohne weiteres Einsparungen von 22 000 bis 30 000 DM erzielen, wenn Sie auf die Unterkellerung verzichten und statt dessen auf dem eigenen Grundstück einen ebenerdigen Abstellraum errichten.

3. Bessere Nutzung der Gebäude

Im Endeffekt kommt es doch darauf an, den angestrebten Wohnnutzen mit möglichst niedrigen Kosten zu erreichen. Dieses Ziel kann besonders auch dadurch erreicht werden, daß die Nutzung eines Gebäudes selbst verbessert wird, etwa dadurch, daß bisher ungenutzte Raumreserven eines Gebäudes in Wohnfläche umgewandelt werden. Eine besonders empfehlenswerte Möglichkeit hierfür ist der Ausbau von Dachgeschossen. Hier können bei einiger Phantasie architektonisch reizvolle Lösungen entstehen, und die Kosten der gewonnenen Wohnfläche sind erheblich niedri-

ger als etwa die Kosten eines Anbaus. Der Gesetzgeber hat den Ausbau von Dachgeschossen in bestehenden Gebäuden gerade erleichtert. Vom 1. Januar 1990 an können Hausbesitzer auch dann ihr Dachgeschoß ausbauen, wenn die bisher städteplanerisch erlaubte Quadratmeterzahl für das Gebäude bereits ausgeschöpft ist. Allerdings könnte es sein, daß die Bauaufsicht im Zusammenhang mit dem Dachausbau einen zusätzlichen Stellplatz für einen PKW fordert. Hierüber kann man jedoch mit der Bauaufsicht verhandeln. Alle Bundesländer haben der örtlichen Bauaufsicht im Rahmen von Erlassen nahegelegt, hier großzügig zu sein.
Die Nutzung eines Gebäudes kann auch dadurch verbessert werden, daß man bautechnische Vorkehrungen dafür trifft, die Nutzung ohne Schwierigkeiten an die sich wandelnden Bedürfnisse der Eigentümer anpassen zu können.

4. Eigenleistung

Eigenleistungen sind Arbeiten, die von Ihnen als Bauherr selbst geleistet werden. Der Wert solcher Eigenleistungen wird Ihnen gutgeschrieben. Dadurch brauchen Sie auch weniger Fremdmittel und vermindern somit Ihre monatliche Belastung. Wird Eigenleistung im Rohbau und im Ausbau eingesetzt, können maximal 25 bis 30 % der reinen Baukosten erarbeitet werden. Natürlich erfordert ein hoher Eigenanteil einen erheblichen Zeitaufwand, der zusätzlich zum Berufsalltag geleistet werden muß. Berücksichtigen Sie bitte, daß dies eine enorme physische und psychische Belastung für Sie und Ihre Familie bedeuten kann. Setzen Sie daher unbedingt die Eigenleistung geringer an. Erfahrungsgemäß können Sie ca. 10 % der Baukosten im Rohbau und ca. 10 % im Ausbau als Eigenleistung erbringen. Für die meisten Bauherren und speziell für die Käufer neuerstellter Häuser wird es sich empfehlen, Eigenleistungen nur im Ausbaubereich einzusetzen.

5. Frühzeitige Koordinierung von Planung und Ausführung

Die Suche nach der kostengünstigsten Lösung erforder eine frühzeitige Zusammenarbeit von Bauherr, Architekt und Statiker. Alle Planungsentscheidungen sollten sofort auf ihre Kostenwirksamkeit überprüft werden; es lohnt sich oft, verschiedene Bauteile alternativ auszuschreiben, um die günstigste von den Bauunternehmen angebotene Lösung ermitteln zu können.

6. Wohnberatung

Vernünftig können Sie nur Kosten sparen, wenn Sie alternative Lösungen mit ihren Vor- und Nachteilen kennen. Jeder Bauherr sammelt mehr oder weniger systematisch solche Kenntnisse durch Gespräche mit Bauherren und Handwerkern, durch die Lektüre von Zeitungen, Zeitschriften und Büchern. Sie können sich jedoch auch in einer »Wohnberatungsstelle« persönlich beraten lassen oder dort gegen eine geringe Schutzgebühr Broschüren zu verschiedenen Themen erhalten. Die Wohnberatung ist ein Teil der Verbraucherzentralen. Die Anschrift der für Sie am nächsten gelegenen Beratungsstelle erfahren Sie bei der »Arbeitsgemeinschaft Wohnberatung e. V.«, Heilsbachstraße 20, 5300 Bonn 1.

Umgang mit Beamten und Behörden

Leider liegt bei vielen Bürgern die Hemmschwelle beim Umgang mit Beamten und Behörden noch höher als beim Umgang mit Bankern und Geldinstituten. Beamte sind jedoch auch Bürger und sind – so sollte es zumindest sein – in erster Linie für ihre Mitbürger da. Schimpfen Sie also nicht unnötig auf die Beamten. Diese sind ja nur die ausführenden Kräfte der Vorschriften und Richtlinien. Setzen

Sie vielmehr die Beamten als Berater ein, denn keiner kennt die Richtlinien und Vorschriften so gut wie sie.
Für Bauherren lohnt sich der Weg zu den Bewilligungsstellen bei der Gemeinde, der Stadt oder dem Landkreis. Suchen Sie diese Wohnungsbauförderungsämter aber erst auf, nachdem Sie sich eingehend mit den wichtigsten Richtlinien und Voraussetzungen für die Gewährung von Bau- oder Aufwendungsdarlehen des jeweiligen Landes auseinandergesetzt haben. Prüfen Sie Ihre Einkommensverhältnisse, besorgen Sie sich die notwendigen Antragsformulare, und füllen Sie alles sorgfältig aus. Befolgen Sie also peinlichst genau die Vorschriften, und beschränken Sie das Gespräch mit den Sachbearbeitern der Bewilligungsstellen auf die Ihnen unklar gebliebenen Punkte. Wenn Sie höflich und bestimmt um Auskünfte bitten, werden Sie diese auch bekommen oder umgehend an eine andere Stelle verwiesen, wo man Ihnen sicherlich weiterhelfen kann. Bevor Sie ein solches Aufwendungsdarlehen bewilligt bekommen, steht Ihnen ein fürchterlicher Papierkrieg bevor. Aber glauben Sie mir bitte: Es lohnt sich auf jeden Fall, diesen Papierkrieg auf sich zu nehmen, denn Aufwendungsdarlehen senken Ihre monatliche Belastung erheblich. Weitere Behördengänge bleiben Ihnen erspart, ganz besonders, wenn Sie Bauherr sind. Sie werden zwangsläufig Bekanntschaft machen mit dem Planungsamt, Bauaufsichtsamt und Bauverwaltungsamt, Katasteramt und Grundbuchamt. Ich weiß, Sie werden oft der Verzweiflung nahe sein angesichts der unzähligen Formulare und Bescheinigungen. Aber das bleibt Ihnen nun nicht erspart. Also, take it easy!
Die für Sie wichtigsten Beamten sitzen beim zuständigen Finanzamt, denn hier geht es um Bares, nämlich die schon viel gepriesene Steuerersparnis. Gleich nach dem Einzug in Ihr Traumhaus gehen Sie mit Meldebescheinigung, Aufstellung über Anschaffungs- und Herstellungskosten sowie mit dem ausgefüllten Antrag auf Lohnsteuerermäßigung

zur Einkommensteuerstelle und lassen sich einen Freibetrag auf der Lohnsteuerkarte eintragen. Vergessen Sie dabei auch nicht die sofort abzugsfähigen Kosten, die vor dem Einzug entstanden sind. Alle Jahre wieder werden Sie dann dieses Verfahren wiederholen, um so in den Genuß der sofortigen monatlichen Steuerersparnis zu gelangen. Selbstverständlich werden Sie auch alljährlich die Einkommensteuererklärung mit den notwendigen Angaben abgeben.

Umgang mit Bankern, Beratern und Vermittlern

Finanzbeamte sind zwar höfliche und umgängliche Menschen, sie können Ihnen aber wenig steuerlichen Rat geben. Sie müssen zwar nicht gleich einen Steuerberater einschalten, wenn Sie Ratschläge in Fragen der Steuerersparnis für selbstgenutztes oder vermietetes Haus- und Wohnungseigentum benötigen. Im Buchhandel finden Sie gute Literatur für Haus- und Wohnungseigentümer.
Der Beruf des Finanzierungsberaters ist vom Gesetz nicht geschützt. Das hat leider zur Folge, daß sich einige schwarze Schafe auf diesem Felde tummeln. Besondere Vorsicht ist vor Beratern geboten, die lautstark damit werben, daß sie keine Honorare verlangen. Meistens handelt es sich bei solchen »Beratern« um billige Vermittler von Banken, Bauträgern, Versicherungen oder sonstigen Vertriebsgesellschaften. Die allerbeste Lösung ist natürlich die, daß Sie sich selbst so viel Fachwissen aneignen, daß Sie gar keinen Berater mehr benötigen. Mit dem Studium dieses Buches haben Sie bereits den ersten erfolgreichen Schritt in diese Richtung getan. Ansonsten wenden Sie sich am besten an vertrauenswürdige Banken.
Es gibt natürlich auch wirklich seriöse Finanzierungsberater, die für ihre Dienste ein Honorar verlangen. Die Adresse von solchen Beratern finden Sie im örtlichen Branchenbuch. Ich finde es auf alle Fälle besser, wenn Sie diesen Be-

ratern ein Honorar bezahlen und damit eine echte und handfeste Beratung genießen. Sparen Sie hier bitte nicht am falschen Platz. Denken Sie immer daran, daß Sie in Ihren eigenen vier Wänden glücklich, nicht ruiniert werden wollen.
Zum Schluß dieses sehr wichtigen Kapitels möchte ich Ihnen nochmals raten, sich immer die nötige Zeit zum effektiven und sorgfältigen Planen zu nehmen. Beschaffen Sie sich soviel Information wie nur möglich. Scheuen Sie sich nicht, dafür teure Fachbücher zu kaufen, und beherzigen Sie den alten und klugen Spruch: »Guter Rat ist teuer, schlechter Rat führt direkt in den Ruin!«

5. Rechengröße Zufall: Was Sie über Versicherungen wissen sollten!

Die Versicherung gehört heutzutage so selbstverständlich zum Alltag wie Beruf, Schule, Einkaufen, Autofahren und Sport. Sechs Versicherungsverträge entfallen im Schnitt auf jeden Bundesbürger – vom Baby bis zum Greis. Versicherung ist jedoch nicht gleich Versicherung. Nahezu jeder zweite Bundesbürger ist entweder unterversichert, was sich im Ernstfall als sehr schwerer finanzieller Fehler erweisen kann, oder überversichert, was Ihren Geldbeutel arg mitnehmen kann. Der Grund dafür ist oft fehlendes Wissen vieler Bürger über das Produkt Versicherung sowie ein für den Laien nicht mehr durchschaubarer Angebotssalat. Es gibt heute im Zuge der »Allfinanzstrategie« wohl keinen Finanzdienstleister mehr, der in seiner Angebotspalette keine Versicherung hat. »Durch die Bank gut versichert!« oder »Wir bieten Geldanlagen, Finanzierungen und Versicherungen – alles aus einer Hand, denn wir lassen uns etwas für Sie einfallen!« lauten die von klugen Werbestrategen erarbeiteten Sprüche, die Ihnen auch noch die letzte Mark aus dem Portemonnaie locken sollen. Ich will nun ein wenig Hintergrundwissen hierzu vermitteln.

1. Warum eigentlich versichern?

Seit jeher lebt der Mensch mit dem Bedürfnis, sich vor den wirtschaftlichen Folgen bestimmter Ereignisse zu schützen, die seine Existenz, sein Leben, seine Gesundheit, sein Hab und Gut bedrohen. Gefahren und Risiken sind die ungebetenen, meist gefürchteten Wegbegleiter des Menschen. Das schließt nicht aus, daß jeder gern auch mal was riskiert, von Zeit zu Zeit sogar leidenschaftlich etwas wagt. Die Freude am Fallschirmspringen oder Drachenfliegen, Abenteuerlust und Unternehmungsgeist sind jedoch nie Selbstzweck. Vielmehr versucht jeder, das Risiko durch nüchterne Überlegungen und Vorsorge zu begrenzen. So ist es kein Wunder, daß gerade diejenigen unter uns, die anscheinend gefährlicher und wagemutiger leben, sich viel stärker über die Folgen Gedanken machen und wenigstens sich und die Familie vor den finanziellen Folgen von Mißgeschick und Unglück schützen möchten. Wer dagegen nur ab und zu mit dem Rad fährt, wandert oder als Jogger durch die Wälder trabt, wird sich natürlich kaum über Knochenbrüche, Arbeitsunfähigkeit oder Invalidität Gedanken machen. Die Gefahr einer schweren Verletzung ist auch vergleichsweise gering.

Der einzelne will durch Unglücksfälle nicht ruiniert werden. Diesem Bedürfnis des Menschen entsprang die Idee der Versicherung. Ein Blick in die Zeitung belegt täglich: Krankheit und Tod des Ernährers bedrohen die wirtschaftliche Existenz des einzelnen oder der Familien. Da brennt eine Wohnung, eine Fabrik, ein Geschäft ab – durch Unachtsamkeit oder Brandanschlag. Da dringen Einbrecher in die Wohnung ein, platzt der Schlauch einer Waschmaschine und überflutet Keller und Diele, vernichtet ein Hagelschlag die ganze Ernte eines Bauern, versinkt eine Bohrinsel im Meer, explodiert ein Tanker oder verunglückt ein Flugzeug bei der Landung. Eine Versicherung ist ein Schutzbrief gegen Unvorhergesehenes. Vielen Gefahren sieht sich der Mensch trotz aller Vorsicht wehrlos ausgeliefert. Die Unternehmen der Versicherungswirtschaft versuchen durch ihre Dienstleistung, ihren privaten und gewerblichen Kunden Zukunftsängste zu nehmen. Sie tragen dazu bei, daß Lebens- oder Betriebsabläufe nicht durch finanzielle Not empfindlich gestört werden.

2. Was heißt eigentlich versichern?

Der Grundgedanke der Versicherung besteht darin, daß mehrere, oftmals viele natürliche oder juristische Personen, die von ein und derselben Gefahr bedroht sind, das finanzielle Risiko des Gefahreneintritts auf den Versicherer übertragen und ihm dafür ein Entgelt, den Versicherungsbeitrag, bezahlen. Da die versicherte Gefahr sich nach den Gesetzen der Wahrscheinlichkeit innerhalb eines bestimmten Zeitraums nicht bei allen, sondern immer nur bei einzelnen Personen verwirklicht, kann die Versicherung dank Beitragszahlung vieler im Einzelfall auch für sehr hohe Leistungen aufkommen. Mit der Versicherung werden Gefahren für den einzelnen im voraus berechenbar. Ungewißheit wird erträglich. Ja, wer ausreichend gegen bestimmte Risiken versichert ist, hat es leichter, in seinem Leben etwas zu wagen. Der Spielraum für sein Handeln erweitert sich ganz beträchtlich. Mehr als 45 Millionen Mal im Jahr beanspruchen hierzulande die Bürger Geld von einem Versicherungsunternehmen. Das heißt, daß jede Sekunde eine Versicherung zur Kasse gebeten wird.
In der Not können einem zwar auch Freunde helfen. Doch ist darauf immer Verlaß? Was ist, wenn diese Freunde selbst kein Geld haben oder gerade keine Zeit, um einem zu helfen? Wie bekommen Sie dann Ihr Motorrad, Ihr niedergebranntes Haus oder Ihren Krankenhausaufenthalt im Einbettzimmer ersetzt? – Hier sorgt die Versicherung dafür, daß ihren Kunden, den Versicherungsnehmern, geholfen wird. Die Versicherung sorgt also dafür, daß stets ein Ausgleich zwischen Glück und Unglück geschaffen wird. Was das bedeuten kann und vor allem welche Ausmaße ein Unglücksfall haben kann, zeigt der 12. Juli im Jahre 1984: 20 Minuten Hagelsturm genügten, um in der

Münchner Region mehr als 200 000 Autos und 70 000 Häuser zu beschädigen. Faustgroße Eisbrocken durchschlugen Dächer, verletzten Menschen und Tiere, durchsiebten Karosserien, ließen Fenster-, Heck- und Windschutzscheiben zerbrechen, vernichteten Ernten und Pflanzen in Gewächshäusern. Alles in allem summierte sich der Versicherungsschaden auf 1,4 Milliarden DM – so viel wie nie zuvor in Deutschland.

Die Versicherung als Unternehmen faßt eine Vielzahl von Menschen, die den gleichen Problemen und Gefahren ausgesetzt sind, zu einer Gefahrengemeinschaft oder einer Risikogruppe zusammen. Jedes Mitglied dieser Gefahrengemeinschaft, jeder Versicherte, erhält die Gewißheit, daß ihm finanziell unter die Arme gegriffen wird, wenn es ihm schlecht gehen sollte. Höchst riskant wäre es, wollte der Versicherer nur ein Haus oder das Leben eines Menschen versichern. Es könnte sein, daß er bald ein vielfaches des erhaltenen Versicherungsbeitrages als Leistung erbringen müßte. Nur durch die Verarbeitung zahlreicher Einzelfälle läßt sich das Eintreffen gewisser Ereignisse vorausberechnen.

Lohnt es sich vielleicht, anstatt lästiger Versicherungsbeiträge das Geld auf die hohe Kante zu legen? Nehmen wir einmal an, Sie lassen Ihren Hausrat für 100 000 DM versichern. Für ca. 250 DM Jahresbeitrag sind Sie gegen Schäden durch Brand, Einbruchdiebstahl, Raub, Leitungswasser, Sturm und Glasbruch geschützt. Um das Geld für die Versicherung zu sparen, wandern jährlich also 250 DM auf ein Sparkonto, bis aus diesen 250 DM ein Kapital von 100 000 DM geworden ist. Es würde genau 49 Jahre dauern, bis Sie aus 250 DM im Jahr ein Kapital von 100 000 DM aufgebaut hätten. Ein halbes Jahrhundert lang müßten Sie also von Feuer, Sturm und Einbrechern verschont bleiben, um bis zu 100 000 DM im Schadensfall kassieren zu können. Ist auf so viel Glück wirklich Verlaß? Sicherlich nicht. Und hier zeigt sich auch schon ein wesentlicher Vorteil einer Versicherung: Auch wenn Sie gerade erst – sagen wir – eine Hausratversicherung abgeschlossen haben, erhalten Sie im Schadensfall (z. B. Brand) schon den vollen Ersatz.

3. Wie funktioniert das Versicherungsprinzip?

Versicherungsschutz ist ein sehr abstraktes Gut, eine unsichtbare Ware, das Zahlungsversprechen für einen Schadensfall, in der Lebensversicherung auch für das Erleben eines bestimmten Alters. Wie ist es möglich, daß ein Geschädigter nach einem Unglück das Hundert- oder Tausendfache seiner Beiträge erhalten kann? Dazu muß man die Elemente des Versicherungsprinzips kennen:
Risiko/Wagnis: Weil der Mensch Schutz vor Risiken sucht, die er nicht allein tragen will oder kann, wendet er sich an Versicherungen. Nach allgemeinem Sprachgebrauch bezeichnet Risiko die Gefahr ungünstiger Ereignisse. In der Versicherungssprache wird mit Risiko vor allem die Gefahr gemeint, daß ein ungünstiges Ereignis eintritt (Unfall, Krankheit), aber auch das Versicherungsobjekt selbst (Auto, Reisegepäck, Hausrat).
Versicherungsvertrag: Zwischen dem Versicherungsunternehmen und dem Kunden kommt ein Vertrag zustande. Das Unternehmen bietet eine Entschädigung für den Fall, daß die im Versicherungsvertrag umschriebenen Ereignisse eintreten. Für dieses in den Versicherungsbedingungen umschriebene Leistungsversprechen erhält das Unternehmen ein Entgelt, den Versicherungsbeitrag.
Beitrag: Jedes Wirtschaftsgut hat einen Preis. Den Preis für das Gut Versicherungsschutz nennt man Beitrag oder auch Prämie. Als Kunde einer Versicherung müssen Sie überlegen, wieviel Beitrag Ihnen die Verbesserung Ihrer Risikosituation wert ist. Der Versicherer muß prüfen, welches Entgelt er für die Übernahme des Risikos erhebt. Die Versicherungsprämie ist die Einnahme des Versicherers für

die Risikoübernahme und die damit verbundene organisatorische Dienstleistung. Der Beitragskalkulation liegen folgende Kriterien zugrunde: Versicherungsleistungen (Schadenskosten), Betriebskosten, Gewinn, eventuell Sparvorgang (insbesondere bei der Lebens- und Krankenversicherung). In der Regel wird der Beitrag für ein Jahr im voraus erhoben. Bei unterjähriger Ratenzahlung werden Zuschläge für Zinsverluste und höhere Inkassokosten des Versicherers berechnet.

Gefahrengemeinschaft: Jede Versicherung erfordert die Beteiligung mehrerer, meist aber vieler Personen, die durch ein und dieselbe Gefahr bedroht sind. Wegen der Gleichartigkeit der versicherten Gefahr nennt man die Versicherten auch »Gefahrengemeinschaft«; sie kennzeichnet den Grundgedanken einer jeden Versicherung: Mit den Beiträgen vieler, die derselben Gefahr ausgesetzt sind, kann ihr der Versicherer das finanzielle Risiko abnehmen, daß sich die versicherte Gefahr bei ihr verwirklicht und damit der Versicherungsfall eintritt.

Beitragskalkulation: Um möglichst gleichartige Risiken zusammenzufassen, bilden die Versicherungen in ihrer Kalkulation Risikogruppen. Jeder Angehörige einer solchen Risikogruppe zahlt einen der Höhe des Risikos entsprechenden Versicherungsbeitrag. Dies entspricht dem Grundsatz der Beitragsgerechtigkeit. Daher sind etwa in der Auto-Haftpflichtversicherung die Beiträge heute nach regionalen Gesichtspunkten, nach der Motorleistung und zu einem gewissen Grad auch nach der Verwendungsart des Fahrzeugs gestaffelt. Der Versicherungsschutz gegen Einbruchdiebstahl kostet den Inhaber eines Schuhladens naturgemäß erheblich weniger als den Juwelier – so unterschiedlich können die Risiken bei ein und derselben Gefahr liegen.

Das Gesetz der großen Zahl: Wenn ein Autofahrer, der im Jahr vielleicht 400 DM Beitrag für die Kfz-Haftpflichtversicherung zahlt, einen Unfall schuldhaft verursacht und

das Unfallopfer 50 000 oder gar 100 000 DM von der Versicherung erhält, so ist dies das Ergebnis einer sehr nüchternen kaufmännischen Kalkulation. Versicherbar sind nur zufällige, ungewisse Ereignisse. Das Gesetz der großen Zahl, die Statistik und die Erfahrung ermöglichen es den Versicherungsunternehmen, den Zufall zu beherrschen, das heißt, ihn weitgehend zu berechnen. Voraussetzung für die Entstehung der modernen Versicherungswirtschaft war, den Zufall meßbar zu machen. Die Grundlage für die neuzeitliche Versicherungstechnik bildeten einwandfreie mathematisch-statistische Forschungen, vor allem in der Lebens- und Krankenversicherung. Das Gesetz der großen Zahl besagt: Zufälligkeiten spielen bei statistischen Massenbeobachtungen eine um so geringere Rolle, je größer die beobachtete Masse ist; es gibt Auskunft darüber, wie groß die Zahlen sein müssen, damit aus ihnen Schlüsse gezogen werden können, die von Zufälligkeiten weitgehend unabhängig sind. Mit einem Würfel läßt sich demonstrieren, was jedem auch ohne mathematische Vorbildung einleuchten müßte: Bei häufigen Würfen besteht für jede Punktzahl von 1 bis 6 die gleich große Wahrscheinlichkeit, nach oben liegend zu kommen, obgleich das Ergebnis jedes einzelnen Wurfes als rein zufällig gilt. Bei sechs Würfen ist jedes Auge zu 16,67 % an der Gesamtzahl aller Würfe beteiligt.
Sterben etwa von hundert Säuglingen zehn, so darf daraus nicht geschlossen werden, daß die Säuglingssterblichkeit 10 % beträgt. Erst wenn etwa 100 000 Säuglinge beobachtet werden, kann man daraus mit einiger Sicherheit die Wahrscheinlichkeit von Todesfällen ableiten.

Viele Risiken – viele Versicherungen

1. Welche Versicherungen gibt es?

Aus kleinen Anfängen heraus hat sich im Laufe der Zeit eine sehr bunte Versicherungspalette entwickelt. Zunächst gab es nur wenige Versicherungszweige, geradezu »klassisch« die Transport-, die Feuer- und die Lebensversicherung. Heutzutage sind etwa 300 Versicherungszweige und -arten bekannt.

Personenversicherung und Schadenversicherung. Die Versicherungen können in diese großen Bereiche eingeteilt werden. Auf die Personenversicherung entfallen die Zweige Lebensversicherung, private Krankenversicherung und private oder allgemeine Unfallversicherung. Etwa 56 % ihrer Beitragseinnahmen erzielen die deutschen Versicherungsgesellschaften in diesen drei Zweigen. Es dominiert die Lebensversicherung, für die der Bundesbürger rund 40 % seiner Gesamtausgaben für seine Versorgung ausgibt. Die Schadenversicherung bildet ein Mosaik großer und kleinster Zweige und Arten. Bedeutendster Schadenversicherungszweig ist die Kraftfahrtversicherung, die sich in die Versicherungsarten Kraftfahrt-Haftpflichtversicherung, Fahrzeugvoll- und Fahrzeugteilversicherung (auch Voll- bzw. Teilkasko genannt) sowie die Insassen-Unfallversicherung aufteilt. Es folgen – gemessen am Beitragsaufkommen – die Allgemeine Haftpflichtversicherung, die Feuer-, die Hausrat- und die Rechtsschutzversicherung. Durch die wirtschaftliche und soziale Entwicklung, durch den Verkehr und die Rechtsprechung, durch »neue Gefahren«, sind immer wieder neue Versicherungsbedürfnisse entstanden. Heute gibt es Versicherungsschutz für Großtanker und Flugzeuge, Kernkraftwerke und Bohrinseln, für den Hersteller von Arzneimitteln und den Einsatz von Computern. Wegen der geringen Nachfra-

ge und des mangelnden Risikoausgleichs kann ein bestimmter Versicherungsschutz auch mal vom Markt verschwinden.
Kuriose Versicherungsrisiken liefern immer wieder Schlagzeilen in der Presse. Da versichert der Fußballprofi ebenso wie der Balett- und Showstar seine Beine für Millionen, der Schlager- oder Opernstar seine Stimme. Ein asiatischer König versicherte sich gegen Thronverlust, und ein schottischer Whiskybrenner wollte neun Millionen DM für den Fall kassieren, daß das Ungeheuer von Loch Ness lebendig gefangen werden sollte. Musiker, Maler und Chirurgen versichern ihre »goldenen Hände« bisweilen millionenschwer.
Wenn in diesen oder ähnlichen Fällen Versicherungsvereinbarungen zustande gekommen sind, so hat der das Versicherungsprinzip kennzeichnende Risikoausgleich meistens gefehlt. Sind nur wenige von einer bestimmten Gefahr bedroht, läßt sich der Zufall praktisch nicht berechnen. Viele dieser Versicherungs-Kuriosa ähneln daher eher einem Glücksspiel oder einer Wette, als daß sie etwas mit der Befolgung versicherungstechnischer Grundsätze zu tun hätten.

2. Worauf müssen Sie beim Vertragsabschluß achten?

Seinen Versicherungsschutz verliert, wer einem liederlichen oder lasterhaften Lebenswandel, z. B. Trunksucht, verfällt. So lautete vor 130 Jahren ein Passus in den Versicherungsbedingungen einer Lebensversicherungsgesellschaft. Heute wird keine Versicherung ihren Kunden mit derartigen Moralansprüchen mehr kommen. Denn die Konkurrenz ist groß, und sie schläft bekanntlich nicht.
Das zeigt aber auch deutlich, daß es notwendig ist, sich über seine Rechte und Pflichten zu informieren, bevor man einen Vertrag unterschreibt. Das ist deshalb von besonderer Wichtigkeit, weil der Kunde für seinen Versiche-

rungsbeitrag keine sichtbare Ware erhält, sondern ein abstraktes Leistungsversprechen. Der Wert der Ware zeigt sich häufig erst sehr viel später – im Schadensfall. Unwissenheit führt sehr leicht zu Mißverständnissen, ja läßt sogar Chancen ungenutzt verstreichen, die ein Versicherungsvertrag bietet. Es lohnt sich also immer, sich gründlich zu informieren. Bevor man unterschreibt, sollte man sich immer über die wichtigsten Punkte Klarheit verschaffen: Versicherungsbeginn, Deckungsumfang, Ausschluß bestimmter Risiken, Zahlungsweise, Pflichten im Schadensfall.

Grundlage eines jeden Versicherungsvertrages sind die Allgemeinen Versicherungsbedingungen (AVB); sie enthalten Regeln über den Umfang des Versicherungsschutzes, die versicherte Gefahr und die versicherte Sache, die Höhe, Ermittlung und Auszahlung der Versicherungsleistung, den räumlichen Geltungsbereich usw. Einen besonderen Lesespaß verspricht dieses Vertragswerk jedoch nicht, denn Juristen haben es in nüchterner Sprache verfaßt, damit Vereinbarungen rechtlich klar und eindeutig zum Ausdruck kommen. Es fehlt zwar in den Versicherungsbedingungen die sprachliche Brillanz, aber es sind auch keine Fußangeln darin enthalten. Dafür sorgt u. a. auch das Bundesaufsichtsamt für das Versicherungswesen in Berlin, das das Kleingedruckte genehmigen muß, wie es auch die Geschäftsgrundlagen, Tarife und Anlage des Kapitals überwacht. Für die meisten Versicherungen gibt es einheitliche Bedingungen, an die sich alle Versicherungsunternehmen halten müssen. Will eine Gesellschaft von diesen Vertragsmustern abweichen, so benötigt es die Zustimmung der Aufsichtsbehörde, auch wenn es zum Vorteil der Kunden geschieht.

Was beim Vertragsabschluß zu beachten ist:

- Es empfiehlt sich, Angebote von mehreren Versicherungen einzuholen, zu fragen (auch Freunde und Bekannte), zu vergleichen und zu rechnen. Schließlich will man ja gut geschützt sein – und das, wenn möglich, noch zu günstigen Bedingungen.
- Wie beim Kauf von irgendwelchen Waren auch, muß das billigste Angebot nicht unbedingt das beste sein. Neben dem Preis kommt es auf Kundenfreundlichkeit, Beratung im Schadensfall usw. an.
- Über seine Wünsche und alle offenen Fragen spricht man am besten mit einem erfahrenen Versicherungsfachmann. Er weiß nicht nur, was versichert ist und was nicht: Er kann erklären, daß Diebstahl und Einbruchdiebstahl oder Leitungswasser- und Flutschaden zweierlei sind. Seine Erfahrung sollte man auf alle Fälle nutzen.
- Für den Abschluß eines Versicherungsvertrages sind in der Regel ausführliche Antragsformulare auszufüllen. Darin werden die Höhe der Versicherungssumme, Versicherungsbeginn, Laufzeit des Vertrages usw. eingetragen.
- Fragen müssen wahrheitsgemäß und vollständig beantwortet werden – in der Lebens- und Krankenversicherung beispielsweise nach dem Gesundheitszustand und nach Vorerkrankungen. Je nach dem persönlichen Risiko werden bestimmte Leistungen vom Versicherungsschutz ausgenommen oder nur gegen einen Risikozuschlag versichert.
- Den Versicherungsantrag schickt dann der Vertreter oder der Vermittler an das Unternehmen. Wer bei einem Unternehmen ohne Außendienst (sog. Direktversicherer) abschließt, bedient sich des Postweges. Der Versicherer fertigt den Versicherungsschein, die Police, aus und schickt ihn dann zur Einlösung – das heißt zur

Bezahlung des ersten Beitrages – dem Antragsteller zu. Mit der Einlösung wird der Kunde Versicherungsnehmer mit allen Rechten und Pflichten.

- Die Versicherungsbedingungen werden dem Kunden mit dem Versicherungsschein übersandt, sofern der Versicherungsnehmer nicht darauf verzichtet hat. Darüber hinaus verschicken viele Unternehmen Merkblätter, die leicht verständlich das Wichtigste eines Versicherungsvertrages wiedergeben.

3. Welchen Versicherungsschutz braucht der Haushalt?

Wie viele Versicherungen braucht der Mensch? Diese Frage wird zwar oft gestellt, hilft aber kaum weiter. Nicht die Anzahl der Versicherungen, sondern der am Bedarf orientierte Versicherungsschutz entscheidet. Eine Grundregel lautet deshalb: Nicht so viele Policen wie möglich, sondern so viel Versicherungsschutz wie nötig!

Den Versicherungsbedarf zu decken heißt, Eventualitäten des Lebens vorzubeugen, Unterversicherungen ebenso zu vermeiden wie Über- und Doppelversicherungen. Letzteres ist meist der Fall, wenn bestehende Versicherungen durch die veränderten Verhältnisse inzwischen überflüssig geworden sind. Ungleich häufiger sind jedoch Fälle, in denen bei einem Schaden die Versicherungssumme nicht ausreicht oder überhaupt kein Versicherungsschutz besteht.

Die Stärke der privaten Versicherungswirtschaft liegt darin, daß sie für jeden Versicherungsbedarf eine maßgerechte Lösung bereithält. Sie schließt Versorgungslücken für nahezu alle Lebenssituationen und -phasen. Der Schutzantrag eines privaten Haushalts ist je nach Lebensumständen und Erwartungen des einzelnen, Familienstand, Einkommen und Vermögen, Freizeitaktivitäten und Reiselust unterschiedlich. Die junge Familie mit kleinen Kindern muß ganz anders vorsorgen als ein unverheiratetes Paar, die Beamtenfamilie mit erwachsenen Kindern anders als der nie-

dergelassene Arzt, der Single als Berufsanfänger anders als ein Rentner-Ehepaar.
Auf die einzelnen Versicherungsarten gehe ich nachfolgend genauer ein. Für die privaten Haushalte sind am wichtigsten die

- Private Unfallversicherung,
- Private Krankenversicherung,
- Lebensversicherung,
- Pflegeversicherung,
- Private Haftpflichtversicherung,
- Kraftfahrtversicherung,
- Schutzbriefversicherung,
- Rechtsschutzversicherung,
- Hausratversicherung,
- Wohngebäudeversicherung.

Am meisten verbreitet ist hierzulande die PKW-Haftpflichtversicherung und die Hausratversicherung, dicht gefolgt von der Lebensversicherung. Auch bei schmalem Geldbeutel gilt jedoch eine Versicherung geradezu als unverzichtbar: Die Private Haftpflichtversicherung; sie ist zudem ausgesprochen preisgünstig und weltweit gültig, vorausgesetzt, man weilt nicht länger als ein Jahr im Ausland. Die bisweilen noch geringste Verbreitung hat die Private Pflegeversicherung. Mit diesem noch jungen Angebot wird das Risiko der alters-, unfall- und krankheitsbedingten Pflegebedürftigkeit finanziell abgesichert.

Die Versicherungsarten im einzelnen

Unter dem Oberbegriff »Versicherungen« unterscheidet man zwischen der allseits bekannten Gesetzlichen Sozialversicherung und der Privaten Personen- und Schadenversicherung, auch Individualversicherung genannt. Alles,

Risikoschutz einer jungen Angestelltenfamilie

(Alter der Eltern: 30/29 Jahre; Alter der Kinder: 3/7 Jahre)

Police	Versicherungsbeitrag pro Monat (gerundet) in DM	Gedecktes Risiko/ Leistung in DM
Privat-Haftpflicht	11	2 000 000/500 000 Personen-/Sachschäden
Hausrat	20	100 000
Glas	4	7 qm Isolierverglasung im Wert von 1 000
Wohngebäude	33	400 000
Risiko-Lebensversicherung[1])	30	80 000
Ausbildungs-versicherung[2])	90/125	20 000 bei Ablauf (plus Überschußbeteiligung)
Unfall (Vater/Mutter/Kinder)	70	Invalidität: 200 000/ 90 000/50 000 – Tod: 40 000/35 000/5 000 Krankenhaustagegeld (30/25/25) mit Genesungsgeld
Krankenhauszusatz (für die ganze Familie)	100	Komfortunterbringung/ freie Arztwahl
Auto (VW Golf, 75 PS, 50 % Beitragssatz, mittlere Regionalklasse)		unbegrenzt; in Kasko Schäden am Fahrzeug abzüglich 650 Selbstbeteiligung
Haftpflicht	45	
Vollkasko	40	
Familien- und Verkehrs-Rechtsschutz	27	Anwalts-/Prozeßkosten 100 000

[1] Zur Absicherung der Bankhypothek, Laufzeit 10 Jahre
[2] fällig zum 20. Geburtstag der Kinder, abgeschlossen auf das Leben des Vaters
Quelle: GDV

was ich Ihnen bisher geschildert habe, bezieht sich auf die sog. Individualversicherung. Dennoch möchte ich kurz auf die gesetzlichen Versicherungsmöglichkeiten eingehen.

Sozialversicherung

Gesetzliche Rentenversicherung, gesetzliche Krankenversicherung, gesetzliche Unfallversicherung und die Arbeitslosenversicherung gehören zur Sozialversicherung. Allen Zweigen ist gemeinsam, daß man ihnen kraft Gesetz angehört. In einigen Fällen ist auch ein freiwilliger Beitritt möglich. Die Leistungen sind gesetzlich normiert; individuelle Vereinbarungen gibt es nicht.
Von der Sozialversicherungspflicht ausgenommen sind lediglich geringfügige Beschäftigungen sowie geringe Aushilfstätigkeiten im Rahmen dafür vorgeschriebener Bedingungen. Selbständige sind grundsätzlich versicherungsfrei. Für Beamte gibt es eine eigene individuelle Versorgung.

Gesetzliche Krankenversicherung

Träger der gesetzlichen Krankenversicherung sind die Allgemeinen Ortskrankenkassen (AOK), Ersatzkassen (DAK, Barmer), Betriebskrankenkassen und die Innungskrankenkassen. Pflichtversichert sind alle Arbeitnehmer, die gesetzlich festgelegte Beitragsbemessungsgrenzen nicht überschreiten. Auch Auszubildende fallen unter die Versicherungspflicht. Zwischen den Kassenarten können Sie frei wählen. Die Leistungen sind nahezu identisch.
Der Beitrag richtet sich nach der Höhe des Arbeitslohnes oder des Gehalts; je nach Kasse kann er zwischen zehn und 15 % des Einkommens betragen. Der Krankenschein gibt Anspruch auf ärztliche und zahnärztliche Behandlung sowie auf Krankenhausbehandlung im Mehrbettzimmer (allgemeine Pflegeklasse und Behandlung durch den zuständigen Stationsarzt). Das Gesundheitsreformgesetz – seit An-

Risikoschutz eines unverheirateten Paares

(Alter der Frau: 25 Jahre – Alter des Mannes: 30 Jahre)

Police	Versicherungsbeitrag pro Monat (gerundet) in DM	Gedecktes Risiko/ Leistung in DM
Privat-Haftpflicht	11	2 000 000/500 000 Personen-/Sachschäden
Hausrat	10	50 000
Unfall (2x)	48	je 200 000 Invalidität
Kapital-Leben (30 Jahre Laufzeit)		Versicherungssumme:
für die Frau	107	50 000
für den Mann	112	
Krankheitskosten		Ambulante/stationäre
für die Frau	262	Behandlung als Privat-
für den Mann	174	patient*)
Krankenhaustagegeld		50 pro Tag/
für die Frau	14	1 500 pro Monat
für den Mann	26	
Krankentagegeld		50 ab der 7. Woche
für die Frau	19	
für den Mann	18	
Auto (VW Golf, 75 PS, 50 % Beitragssatz, mittlere Regionalklasse)		unbegrenzt; in Kasko Schäden am Fahrzeug abzüglich 650 Selbstbeteiligung
Haftpflicht	45	
Vollkasko	40	
Familien- und Verkehrs-Rechtsschutz	27	Anwalts-/Prozeßkosten 100 000

Quelle: GDV

fang 1989 gültig – brachte erhebliche Einschränkungen, ohne daß allerdings die medizinische Grundversorgung gefährdet wäre. Gehören die Eltern einer gesetzlichen Kasse an, so sind per Familienhilfe auch alle Kinder bis zum 23. bzw. 25. Lebensjahr bei Schul- oder Berufsausbildung mitversichert. Es sei denn, sie beziehen z. B. als Auszubildende bereits ein eigenes Einkommen. Arbeitnehmer, die mit ihrem Einkommen über der Beitragsbemessungsgrenze liegen, können sich entweder freiwillig bei einer gesetzlichen Kasse versichern lassen oder zu einer Privaten Krankenversicherung gehen. Das heißt, sie sind versicherungsfrei.

Gesetzliche Rentenversicherung

Alle Arbeitnehmer sind in der gesetzlichen Rentenversicherung pflichtversichert. Selbständige können in den ersten beiden Jahren nach der Aufnahme ihrer Tätigkeit die Pflichtversicherung beantragen, freiwillige Beiträge bezahlen oder ganz auf den gesetzlichen Schutz verzichten. Mit freiwilligen Beiträgen erwirbt man jedoch keinen Anspruch auf Erwerbs- oder Berufsunfähigkeitsrente. Versicherungsträger sind die Bundesversicherungsanstalt für Angestellte (BfA), die Landesversicherungsanstalten (LVA/ für Arbeiter), die Bundesknappschaft (für Bergleute), die landwirtschaftliche Alterskasse (für Landwirte) und die Künstlersozialkasse usw. Der Beitragssatz bei BfA und LVA ist gesetzlich festgelegt und beträgt derzeit 17,7 Prozent, wovon der Arbeitgeber die Hälfte übernimmt. Der Beitrag wird nur vom Einkommen bis zur Beitragsbemessungsgrenze erhoben.
Neben Alters- und Hinterbliebenenrente gibt es auch die Erwerbs- oder Berufsunfähigkeitsrente. Erwerbsunfähig ist, wer keiner Tätigkeit mehr nachgehen oder pro Monat nicht mehr als 470 DM verdienen kann. Als berufsunfähig gilt, wer in seinem erlernten Beruf keine Vollzeitbeschäftigung mehr ausüben kann. Besonders junge Leute haben in den ersten Berufsjahren nur einen geringen oder gar keinen Schutz. Eine Berufs- oder Erwerbsunfähigkeitsrente

zahlen die Rentenversicherungsträger grundsätzlich nur, wenn 60 Beitragsmonate nachgewiesen sind oder der Versicherte in den letzten fünf Jahren vor der Berufs- oder Erwerbsunfähigkeit mindestens drei Jahre lang eine versicherungspflichtige Beschäftigung ausgeübt hat. Eine Ausnahme gilt nur bei Arbeitsunfällen, Berufskrankheiten oder Wehrdienstbeschädigungen. In diesen Fällen genügt bereits ein einziger Beitrag. Eine weitere Ausnahmeregelung besteht bei Erwerbsunfähigkeit infolge eines Freizeitunfalls, sofern dieser Unfall innerhalb von sechs Jahren nach Beendigung der Ausbildung eingetreten ist und in den letzten 24 Monaten vor dem Unfall wenigstens für sechs Kalendermonate Pflichtbeiträge entrichtet wurden.

Gesetzliche Unfallversicherung

Jeder Arbeitnehmer ist Pflichtmitglied einer Berufsgenossenschaft. Selbständige können sich freiwillig versichern. Für Arbeitnehmer übernimmt der Arbeitgeber die Beiträge in voller Höhe. Die gesetzliche Unfallversicherung leistet nur bei Berufsunfällen und für Folgen von Unfallereignissen, die sich auf dem direkten Weg zu und von der Arbeitsstelle ereignen. Versichert sind außerdem bestimmte Berufskrankheiten. Die Berufsgenossenschaften zahlen nicht nur Renten, primär sehen sie ihre Aufgabe darin, Maßnahmen zur Unfallverhütung in den Betrieben durchzusetzen. Konnte ein Unfall trotz allem nicht verhindert werden, finanzieren die Berufsgenossenschaften erst einmal Umschulungsmaßnahmen, ehe sie eine Rente bewilligen. Die Renten richten sich nach dem Grad der Erwerbsminderung; gezahlt wird ab 20 %.

Arbeitslosenversicherung

Bei der Absicherung des Arbeitsplatzrisikos besteht für Arbeitnehmer ebenfalls Mitglieds- und auch Beitrags-

pflicht. Der Beitrag beträgt z. Zt. 6,3 %, wovon wieder der Arbeitgeber die Hälfte übernimmt. Die Beitragsbemessungsgrenze ist mit dem Limit der Rentenversicherung identisch.
Die wichtigsten Leistungen sind Arbeitslosengeld, Berufsberatung, Arbeitsvermittlung und die Förderung der beruflichen Qualifikation. Träger ist die Bundesanstalt für Arbeit in Nürnberg zusammen mit den Landesarbeitsämtern und den örtlichen Arbeitsämtern.

Private Personenversicherung

Mit Ausnahme der Arbeitslosenversicherung bieten Ihnen die privaten Versicherungsunternehmen ähnliche Leistungen wie die Sozialversicherung an. Der Versicherungsschutz kommt jedoch nur mittels Vertrag zustande und läßt sich – anders als bei der Sozialversicherung – individuell gestalten.

Private Unfallversicherung

Eine private Unfallversicherung tritt für die wirtschaftlichen Nachteile ein, die dem Versicherten aus einem Unfall entstehen. Als Versicherungsleistung zahlt der Versicherer die im Vertrag vereinbarte Kapitalsumme aus. Im Falle von Invalidität läßt sich damit z. B. eine spezielle Ausbildung oder eine ständige Betreuung sowie der laufende Lebensunterhalt finanzieren. Folgende Leistungen können Sie vereinbaren:

- Invaliditätsleistung bei Vollinvalidität in voller Höhe, bei Teilinvalidität zu einem entsprechenden Prozentsatz des vereinbarten Kapitals;
- Übergangsleistung, sofern Sie sechs Monate nach dem Unfall noch zu mehr als 50 % Invalide sind;
- Tagegeld für jeden Tag unfallbedingter Arbeitsunfä-

higkeit, bei teilweiser Beeinträchtigung entsprechend abgestuft;

- Krankenhaustagegeld für jeden Tag unfallbedingtem Krankenhausaufenthalt, bis zu zwei Jahren nach einem Unfall;
- Genesungsgeld in gleicher Höhe nach der Entlassung aus dem Krankenhaus für die gleiche Anzahl von Tagen, für die Krankenhaustagegeld bezogen wurde;
- Todesfalleistung nach Unfalltod.

Die private Unfallversicherung bietet einen umfassenden Versicherungsschutz. Sie gilt rund um die Uhr und auf der ganzen Welt: im Beruf, in der Freizeit und auf Reisen. Die vereinbarten Leistungen erhalten Sie zusätzlich zu anderen Versicherungs- oder Entschädigungszahlungen. Fast alle Versicherer bieten übrigens die sog. progressive Unfallversicherung an. Das bedeutet, daß die Leistungen mit zunehmendem Invaliditätsgrad überproportional steigen. So bekommen Sie beispielsweise bei einer vereinbarten Invaliditätssumme von 100 000 DM im Falle der Vollinvalidität die zwei- bis dreifache Summe ausgezahlt. Für Kinder können die Eltern auch eine Unfallversicherung abschließen. Ein Invaliditätskapital von 100 000 DM kostet ca. 6 DM im Monat. Während die Beiträge zur Kinderunfallversicherung für alle Altersstufen gleich sind, bemessen sie sich bei Volljährigen nach der beruflichen Tätigkeit. Personen mit einem relativ niedrigen beruflichen Unfallrisiko gehören zur beitragsgünstigeren Gefahrengruppe A, während in der teureren Gefahrengruppe B Beschäftigte mit körperlicher oder handwerklicher Tätigkeit versichert werden.

Private Krankenversicherung

Die private Krankenversicherung steht im Prinzip jedem offen. Als Vollversicherung und damit als Alternative zur gesetzlichen Versicherung können sie allerdings nur Angestellte und Arbeiter nutzen, die ein Gehalt beziehen, das über der Beitragsbemessungsgrenze liegt, sowie Beamte und Selbständige. Mitgliedern gesetzlicher Kassen bieten die privaten Krankenversicherungsunternehmen eine Reihe von attraktiven Zusatzversicherungen an. Die Höhe des Beitrags richtet sich hier – anders als bei der gesetzlichen Krankenkasse – nicht nach dem Einkommen, sondern nach Geschlecht und Eintrittsalter sowie nach dem gewählten Tarif. Das bedeutet natürlich, daß gerade jüngere Personen sehr gute Zugangsvoraussetzungen für eine private Krankenversicherung haben.

Krankenvollversicherung

Der private Krankenschutz setzt sich aus drei Bausteinen zusammen: Tarife für die ambulante Heilbehandlung bei Arzt und Arzneimitteln, für Zahnbehandlungen und Zahnersatz sowie für das Krankenhaus. Außerdem können Sie ein Krankentagegeld für den Verdienstausfall bei Krankheit und ein Krankenhaustagegeld vereinbaren. Einige Versicherungsunternehmen bieten auch Tarife für Kuren an. Wie gesagt, sind die Beiträge nicht vom Einkommen abhängig, sondern richten sich nach Ihrem Alter und Ihrem Geschlecht. Krankenscheine gibt es bei der privaten Versicherung nicht. Arzt oder Krankenhaus stellen nach Abschluß der Behandlung eine Rechnung aus, die Sie bei Ihrem Versicherungsunternehmen einreichen. Der Versicherer erstattet Ihnen dann die Kosten entsprechend dem vereinbarten Versicherungsschutz.
Als Privatversicherter haben Sie die freie Wahl unter allen Krankenhäusern, Ärzten und Zahnärzten. Im Krankenhaus können Sie – je nach vereinbartem Tarif – ein Einbett- oder Zweibettzimmer wählen. In jedem Falle werden Sie vom Chefarzt als Privatpatient behandelt. Eine Reise ins Ausland können Sie unbesorgt antreten; der Privat-

schutz gilt in ganz Europa einschließlich des europäischen Ostblocks und während des ersten Monats auch in außereuropäischen Ländern. Planen Sie einen längeren Aufenthalt in Übersee, sollten Sie dies vorher mit Ihrer Versicherung abstimmen. Als Arbeitnehmer erhalten Sie vom Arbeitgeber ebenso wie gesetzlich Versicherte einen Zuschuß zum monatlichen Beitrag. Ihr Arbeitgeber zahlt 50 %, höchstens aber die Hälfte des Pflichtbeitrages bei der zuständigen gesetzlichen Krankenkasse.
Die private Krankenversicherung kann für Sie durchaus eine lohnende Alternative sein. Besonders dann, wenn Sie gesetzlich versichert Höchstbeiträge zahlen müßten.

Zusatzversicherung

Mitglieder der gesetzlichen Krankenversicherung können die Kassenleistungen mit privaten Zusatzpolicen aufbessern. Wer ins Krankenhaus muß, der wünscht sich die beste Pflege und Behandlung. Gesetzlich Versicherte müssen sich mit Standardleistungen begnügen. Mit einer Zusatzversicherung sind Sie jedoch im Krankenhaus Privatpatient mit allen Privilegien. Sie werden vom Chefarzt behandelt und können den Komfort eines Ein- oder Zweibettzimmers wählen. Die Mehrkosten, die über die gesetzlichen Leistungen hinausgehen, übernimmt der private Krankenversicherer zu 100 %.
Jeder Krankenhausaufenthalt bringt eine Menge Mehrausgaben mit sich, an die vorher niemand denkt: Zeitschriften, Bücher, Radio oder Fernsehgerät, kleine Gefälligkeiten, Fahrten der Angehörigen zum Krankenhaus. Aus einer Krankenhaustagegeldversicherung lassen sich diese Nebenkosten ganz bequem bezahlen.
Wenn Sie zu den Besserverdienenden gehören, könnte das Krankengeld von der Kasse, das meist nach sechs Wochen Lohnfortzahlung beginnt und 80 % des sog. Regelentgelts nicht überschreiten darf, womöglich nicht ausreichen. Die-

sen Verdienstausfall können Sie dann mit einer Krankentagegeldversicherung voll ersetzen. Auch bei Berufs- oder Verkehrsunfällen zahlt diese »Verdienstausfallversicherung«.
Einige Lücken, die mit dem Gesundheitsreformgesetz vom 01. 01. 89 im gesetzlichen Krankenschutz entstanden sind, können Sie durch private Ergänzungstarife in fünf Leistungsbereichen (Krankengeld, Brillen, Zahnersatz, Krankenhaus, Auslandsreisen) ganz oder teilweise schließen. Für Urlauber und Kurzreisende ist zumindest eine Auslandsreisekrankenversicherung, die auch den Krankenrücktransport einschließt, äußerst wichtig. Denn: Die gesetzlichen Krankenkassen dürfen laut Gesetz fällige Rechnungen aus dem außereuropäischen Ausland nicht begleichen. Die Kosten einer privatärztlichen Behandlung in EG-Ländern und solchen mit Sozialversicherungsabkommen dürfen sie nur anteilig erstatten.

Lebensversicherung

Wie Sie sich erinnern werden, bin ich auf das Thema Lebensversicherung schon bei der Altersversorgung als Kapitalanlage eingegangen. Nun möchte ich die Lebensversicherung als Versicherung behandeln. Sie dient also in erster Linie der langfristigen Vorsorge fürs Alter, der materiellen Sicherheit der Angehörigen und der Absicherung gegen Berufsunfähigkeit. Viele Lebensversicherungen werden bereits in jungen Jahren abgeschlossen. Da sich der Versicherungsbeitrag nach der Sterbewahrscheinlichkeit oder dem Berufsunfähigkeitsrisiko richtet, können sich junge Menschen sehr preisgünstig versichern.

Berufsunfähigkeitsversicherung

Gerade für jüngere Leute sind sie besonders wichtig, da die gesetzlichen Versicherungen das wirtschaftliche Risiko

der Berufsunfähigkeit in den ersten Jahren nur unzureichend abdecken. Die Privatpolice können Sie als selbständige Versicherung sowie als Zusatz zu einer Risiko- oder Kapital-Lebensversicherung abschließen.
Als selbständige Police erfordert eine Berufsunfähigkeitsversicherung einen höheren Aufwand. Um bis zum 60. Lebensjahr ab 50 % Berufsunfähigkeit 600 DM Monatsrente zu bekommen, müssen Sie als 25jähriger monatlich etwa 30 bis 40 DM an Beiträgen bezahlen; als Frau kostet Sie derselbe Schutz etwa 40 bis 50 DM. Zwar auf den ersten Blick teurer, aber dennoch günstiger ist es, den Berufsunfähigkeitsschutz als Zusatz zu einer gemischten Kapital- oder Risikoversicherung zu vereinbaren. 600 DM Invaliditätsrente (einschließlich einer Todes- und Erlebensfallsumme von 30 000 DM) kosten dann für einen Mann im Monat etwa 80 DM, für eine Frau etwa 90 DM. Die Kapital-Lebensversicherung allein würde schon 55 bis 60 DM kosten, so daß der Berufsunfähigkeitsschutz schon für etwa 25 DM zu haben ist und damit deutlich günstiger ist als bei einer selbständigen Berufsunfähigkeitsversicherung.
Ein weiterer Vorteil des Zusatzschutzes ist: Im Versicherungsfall werden Sie von der laufenden Beitragszahlung für die Hauptversicherung freigestellt. Trotzdem steht Ihnen im Todesfall oder im Alter die volle Versicherungsleistung einschließlich Gewinnbeteiligung zur Verfügung. Die Rente gibt es nicht erst bei völliger Erwerbsunfähigkeit, sondern schon bei Berufsunfähigkeit, wenn Sie wegen Krankheit, Unfall oder Kräfteverfall voraussichtlich dauernd außerstande sein werden, Ihren Beruf oder eine Tätigkeit, die Ihrer Ausbildung entspricht, weiter auszuüben. Sie sehen selbst: Eine solche Variante verschafft Ihnen sehr nützliche Vorteile.

Risiko-Lebensversicherung

Kommt es Ihnen zunächst vor allem auf die Versorgung und die Absicherung Ihrer Familie an, dann reicht eine Risiko-Lebensversicherung vollkommen aus. Sie kostet – je nach Alter – nur zwischen 10 und 30 % von dem, was Sie für eine gemischte Kapital-Lebensversicherung bezahlen müssen. Auf jeden Fall sind Sie auch bei einer Risikoversicherung mit der Zahlung des ersten Versicherungsbeitrages voll abgesichert, das heißt, die gesamte Versicherungssumme wird im Todesfall an Ihre Hinterbliebenen ausgezahlt. 80 000 DM Versicherungssumme kosten bei 10jähriger Laufzeit für einen 30jährigen Mann etwa 18 DM pro Monat. Eine Risikoversicherung können Sie übrigens später, wenn Sie besser verdienen oder andere Beweggründe haben, problemlos in eine Kapital-Lebensversicherung zur Altersvorsorge umwandeln. Wichtig ist vor allem: Dies kann ohne erneute Gesundheitsprüfung erfolgen.

Kapital-Lebensversicherung

Zusätzlich zum Schutz der Hinterbliebenen bauen Sie mit der kapitalbildenden Versicherung Ihre Versorgung für das Alter auf. Für Selbständige sollte sie die Hauptstütze der Altersversorgung sein. Vor allem im Hinblick auf die Möglichkeit der Sonderformen wie Direktversicherung (s. Kapitel Vermögensanlagen). Für Arbeitnehmer sollte sie eine notwendige Ergänzung zur gesetzlichen und betrieblichen Altersversorgung sein. Fällig wird die Versicherungssumme, wenn Sie sterben oder das vertraglich festgelegte Endalter erreichen. Nach Vertragsablauf erhalten Sie aus einer kapitalbildenden, gemischten Lebensversicherung nicht nur die volle Versicherungssumme, sondern auch die Überschußbeteiligung. Wie diese sich zusammensetzt, lesen Sie später genau. Sie sollten vor allem auch die sog.

Dynamik vereinbaren: Ähnlich der gesetzlichen Rentenversicherung wird die Kapitalversicherung durch Beitragsangleichung dem wachsenden Lebensstandard jährlich angepaßt. Für die Anpassung ist keine erneute Gesundheitsprüfung erforderlich. Eine kapitalbildende Lebensversicherung sollte eine Laufzeit von mindestens zwölf Jahren haben. Erst dann ist sie nämlich steuerbegünstigt. 50 000 DM Versicherungssumme (Auszahlung bei Tod oder mit 65 Jahren) kosten einen 25jährigen Mann nur etwa 75 DM im Monat.

Vermögenswirksame Lebensversicherung

Alle Arbeitnehmer in den meisten Branchen haben einen Anspruch auf vermögenswirksame Leistungen bis zu 52 oder 78 DM im Monat. Näheres regeln Betriebsvereinbarungen und Tarifverträge. Das Zusatzgeld von Ihrem Arbeitgeber sollten Sie auf keinen Fall verschenken. Gesetzlich zulässig ist auch die Einzahlung in eine Lebensversicherung. Leider gibt es für die Lebensversicherung keine Arbeitnehmersparzulage mehr. Nur auf vermögenswirksame Policen, die vor dem 01. 01. 89 abgeschlossen wurden und noch keine 12 Jahre alt sind, zahlt der Staat eine Zulage. Dennoch gibt es vor allem für jüngere Leute keine preiswertere Möglichkeit, bereits frühzeitig mit der Alterssicherung zu beginnen, als mit dem Abschluß einer vermögensbildenden Lebensversicherung.

Ausbildungsversicherung

Eine qualifizierte Ausbildung hat ihren Preis. Deshalb müssen Eltern schon frühzeitig etwas auf die hohe Kante legen. Mit einer Lebensversicherung können Sie die Ausbildungskosten sehr vorteilhaft ansparen. Zahlen Sie als heute 30jähriger Vater ab dem ersten Lebensjahr Ihres Kindes monatlich 110 DM in eine Ausbildungsversiche-

So teuer ist ein Studium

Studienfach	Bildungsweg	Studiendauer in Semestern	Gesamtkosten* in DM
Agrarökonomie	Universität	9	50 220
Architektur	Universität	10	55 800
Betriebswirtschaft	Universität	9	50 220
Biologie	Universität	10	55 800
Chemie	Universität	12	66 960
Datenverarbeitung	Fachhochschule + Zusatzausbildung	7+2	50 220
Elektrotechnik	Universität	10	55 800
Fremdsprachen	Universität	8–10	44 640–55 800
Germanistik	Universität	10	55 800
Hoch- und Tiefbau	Fachhochschule + Zusatzausbildung	7+2	50 220
Kerntechnik	Fachhochschule + Zusatzausbildung	7+2	50 220
Kunst	Hochschule für bildende Künste	10	55 800
Kunstgeschichte	Universität	10	55 800
Lehramt an Grund-, Haupt- u. Realschulen	Universität/Hochschule bild. Künste	7–10	39 060–55 800
Maschinenbau	Universität	10	55 800
Medizin	Universität	13	72 540
Pädagogik	Universität	10	55 800
Pharmazie	Universität	8–10	44 640–55 800

Studienfach	Bildungsweg	Studiendauer in Semestern	Gesamtkosten* in DM
Rechtswissen-schaften	Universität	9	50 220
Schauspiel	Hochschule für Musik und darstell. Kunst	6–8	33 480–44 640
Sport	Universität	7	39 060
Versicherungs-betriebslehre	Fachhochschule	7	39 060
Zahnmedizin	Universität	11	61 380

* Stand: 1989

rung ein, so stehen am 20. Geburtstag Ihres Sohnes oder Ihrer Tochter aus der vereinbarten Versicherungssumme und der Gewinnbeteiligung etwa 50 000 DM zur Verfügung. Der Vorteil der Versicherungslösung: Stirbt der versicherte Vater während der Laufzeit, werden die Leistungen dennoch zum vereinbarten Zeitpunkt ausgezahlt. Zusätzlich ist eine Berufsunfähigkeitsversicherung möglich. Wird der Vater berufsunfähig, läuft die Versicherung ebenfalls bis zum vereinbarten Termin beitragsfrei weiter.

Die Überschußbeteiligung

Damit die Lebensversicherungsgesellschaften auch nach 20, 30 oder 40 Jahren die vereinbarte Leistung auszahlen können, stecken in den Beiträgen Sicherheitsmargen. Das ist in der Bundesrepublik staatlich vorgeschrieben. Da die Versicherer jedoch nicht alles davon für Versicherungsfälle benötigen und eine höhere Verzinsung der Sparbeiträge erzielen als kalkuliert, fallen hohe Überschüsse an. Diese Gewinne dürfen die Versicherer nicht behalten; sie werden fast vollständig an die Versicherten ausgeschüttet. Zusätzlich zur vereinbarten Versicherungssumme schreibt deshalb der Versicherer seinen Kunden Jahr für Jahr Überschüsse gut. Und diese sind keineswegs nur eine bescheidene Zugabe. Vielmehr können Sie unter heutigen wirtschaftlichen Verhältnissen mit einer erheblichen Erhöhung der Versicherungssumme infolge der Überschußbeteiligung rechnen.

Pflegeversicherungen

Jedem Menschen kann es passieren, daß er nach einem Unfall oder schwerer Krankheit zum Pflegefall wird. Zwar bieten die gesetzlichen Krankenkassen seit Anfang 1989 einige Leistungen bei häuslicher Pflege. In vielen Fällen reichen diese Mittel jedoch nicht aus, und Sie sind auf die knappe Unterstützung der Sozialhilfe angewiesen. Das ist sicher nicht jedermanns Geschmack.

Die privaten Versicherungsunternehmen offerieren mehrere Arten der Pflegeversicherung. Aus der Pflegerentenversicherung erhält der Versicherte eine nach der Pflegebedürftigkeit abgestufte Rente, die durch die Gewinnbeteiligung noch aufgestockt wird.

Die privaten Krankenversicherer hingegen bieten eine Pflegekosten- und eine Pflegetagegeldversicherung an. Erstere übernimmt bis zu 80 % der Kosten für medizinisch notwendige Pflege. Letztere zahlt das vorher vereinbarte Tagegeld aus, und zwar ohne Kostennachweis sowohl bei häuslicher als auch bei stationärer Pflegebedürftigkeit. Pflegekosten- und Pflegetagegeldversicherung lassen sich auch kombinieren. Privat versicherte Arbeitnehmer können übrigens – innerhalb der vorgegebenen Grenzen – auch zur privaten Pflegekrankenversicherung einen Zuschuß vom Arbeitgeber erhalten.

Private Schadensversicherungen

Sach-, Haftpflicht- und Rechtsschutzversicherungen sind die Domäne der Individualversicherung. Eine staatliche Absicherung etwa gegen Haftpflicht-, Einbruch- und Leitungswasserschaden gibt es nicht.

Private Haftpflichtversicherung

Wer einen anderen schuldhaft verletzt oder dessen Eigentum beschädigt, haftet für den Schaden unbegrenzt. So bestimmt es das Bürgerliche Gesetzbuch (BGB). Die Privathaftpflichtversicherung befreit von der Sorge um die finanziellen Folgen eines Haftpflichtschadens. Sie reguliert berechtigte Ansprüche und weist unberechtigte Forderungen zurück.

Die Versicherung schützt nicht nur den Versicherungsnehmer; mitversichert sind auch dessen Ehegatte und minderjährige, unverheiratete Kinder – und zwar rund um die Uhr und auf Reisen in der ganzen Welt. Die Reise darf jedoch nicht länger als ein Jahr dauern. Auch Volljährige in der Ausbildung bleiben noch geschützt. Wer heiratet, braucht in jedem Falle eine eigene Police. Die Versicherung bietet Schutz für die meisten Risiken des Privatlebens; sie zahlt z. B., wenn der Versicherte als Fußgänger oder Radfahrer einen Unfall verursacht oder der Sprößling ein Fenster des Nachbarn mit dem Fußball einschlägt. Schäden an gemieteten oder geliehenen Sachen – Ausnahme: Schäden an gemieteten Wohnräumen – sind jedoch ausgeschlossen. Mitversichert ist dagegen auch die Haftung als Besitzer oder Mieter einer Wohnung oder eines Einfamilienhauses. Nicht zuständig ist die Privathaftpflichtversicherung für Schäden, die man am Steuer eines Kraftfahrzeuges verursacht. Dies ist Sache der Kfz-Haftpflichtversicherung des jeweiligen Fahrzeuges. Die Privathaftpflichtversicherung weist auch unberechtigte Ansprüche zurück. Kommt es darüber zum Prozeß, so führt der Versicherer auch den Prozeß mit dem Anspruchsteller und trägt die Kosten. Insoweit hat die Police auch die Funktion einer Rechtsschutzversicherung. Wichtig ist eine ausreichende Versicherungssumme. Üblich sind Deckungssummen von zwei Millionen DM für Personenschäden und 500 000 DM für Sachschäden. Die Jahresbeiträge bewegen sich zwischen 100 und 150 DM.

Kraftfahrt-Versicherung

Für das Kraftfahrzeug, egal ob Mofa, Moped, Motorrad oder Auto, schreibt der Gesetzgeber eine Kfz-Haftpflichtversicherung vor. Auto und Motorrad kann man nur zulassen, wenn man den Versicherungsschutz mit der sog. Doppelkarte nachweist. Mofa, Moped und Mokick sind zulassungsfrei; bei ihnen genügt der Kauf eines Versicherungskennzeichens – und zwar jeweils zu Beginn des Versicherungsjahres (1. März). Die Kennzeichen gibt es gegen Bezahlung des Versicherungsbeitrages bei jedem Kfz-Versicherer.
Wenn das versicherte Fahrzeug einen Schaden angerichtet hat, kommt die Kfz-Haftpflichtversicherung für die berechtigten Ansprüche der Geschädigten auf. Unberechtigte Ansprüche wehrt der Versicherer auf eigene Kosten ab. Die Versicherungsgesellschaft zahlt jedoch immer nur bis zu den vereinbarten Deckungssummen. Andererseits haftet man aber nach dem Gesetz bei Verschulden unbegrenzt. Deshalb ist es natürlich vorteilhaft, man schließt die Versicherung mit unbegrenzter Deckung ab. Ein solcher Versicherungsschutz ist nur geringfügig teurer als die gesetzliche Mindestdeckung, schützt aber vor nahezu jedem Schaden.
Pkw-Anfänger müssen in der Kfz-Haftpflichtversicherung einen Beitragssatz von 175 % des Grundbeitrages bezah-

len (s. Tabelle S. 206), die Eltern können aber das erste Auto ihres Kindes als Zweitwagen zulassen. Wenn die Eltern mit ihrem ersten Fahrzeug bereits in eine Schadenfreiheitsklasse eingestuft sind, beträgt der Beitragssatz für das Zweitauto 125 %. Sohn oder Tochter, die diesen Zweitwagen regelmäßig benutzen, können ihn später, wenn der Vertrag einen Schadenfreiheitsrabatt aufweist, auf ihren Namen zulassen. Den Rabatt kann man von den Eltern übernehmen. Auch wenn der Geldbeutel schmal ist, eine Teilkaskoversicherung sollte eigentlich immer drin sein. Denn sie leistet Ersatz, wenn Auto oder Zweirad durch Feuer, Schmorschäden, Kabelbrand, Blitzschlag, Explosion, Sturm, Hagel, Diebstahl, Glasbruch oder Zusammenstoß mit Haarwild beschädigt wird oder – bei Diebstahl – abhanden kommt. Mit einer Selbstbeteiligung von 300 DM pro Schadensfall fährt man am günstigsten. Ist das Fahrzeug neu oder hat es noch einen ansehnlichen Wert, dann empfiehlt es sich auf jeden Fall, eine Vollkaskoversicherung abzuschließen; weil sie zusätzlich zur Teilkaskoabdeckung auch für selbstverschuldete Unfallschäden aufkommt und darüber hinaus mutwillige Beschädigungen durch Dritte versichert, ist sie naturgemäß teurer. Mit 650 oder 1 000 DM Selbstbeteiligung bleibt der Beitrag jedoch erschwinglich. Wer erstmals Vollkasko abschließt, bekommt den gleichen Schadenfreiheitsrabatt, den er bereits in der Kfz-Haftpflicht erreicht hat.
Nehmen Sie häufig Freunde, Bekannte oder Kollegen im Wagen mit, so sind Sie als Fahrer auch für deren Sicherheit verantwortlich. Wer sein Auto schützt, sollte auch Vorsorge für seine Mitfahrer treffen. Eine Insassen-Unfallversicherung hat den gleichen Leistungsumfang wie die bereits beschriebene allgemeine Unfallversicherung, ist jedoch auf Kfz-Unfälle beschränkt. Die vereinbarten Leistungen zahlt der Versicherer unabhängig davon, wer den Unfall verursacht hat und ob man von anderer Seite eine Versicherungsentschädigung oder Schadensersatz bekommt.

Die Insassen-Unfallversicherung kann aber eine allgemeine Unfallversicherung nicht ersetzen. Denn Unfälle passieren nicht nur im Auto oder mit dem Zweirad, sondern auch bei Arbeit, Sport und Spiel.

Schutzbriefversicherung

Meist hat der erste fahrbare Untersatz schon ein paar Jahre auf dem Buckel. Es ist daher nicht verwunderlich, wenn er des öfteren mal liegenbleibt. Eine Verkehrsservice-Versicherung, auch unter dem Namen Schutzbriefversicherung bekannt, hilft nach einer Panne oder einem Unfall, den Wagen wieder flottzumachen oder abzuschleppen. Die vielen einzelnen Versicherungsleistungen, die Ihnen eine solche Schutzbriefversicherung bieten kann, kann ich nicht alle aufzählen, da sie den Rahmen dieses Buches sprengen würden.
Die Schutzbriefversicherung gibt es als Ganzjahrespolice für das Inland, für das Ausland oder als Kombischutz für In- und Ausland, den letzteren auch als Kurzpolice. Ausland bedeutet: Europa einschließlich der außereuropäischen Mittelmeerstaaten. Der weitaus gebräuchlichste Schutzbrief für das ganze Jahr mit Gültigkeit für In- und Ausland kostet etwa 65 DM.

Rechtsschutzversicherung

Ein Streit mit dem Arbeitgeber, einem Händler, einem Unfallgegner oder dem Vermieter kostet Zeit und erfordert oft das Einschalten eines Rechtsanwaltes, dessen Rat und Hilfe sehr teuer sind. Das finanzielle Risiko erhöht sich noch, wenn der Gang vor Gericht notwendig wird. Eine Rechtsschutzversicherung übernimmt Anwaltsgebühren, Gerichtskosten, Sachverständigenhonorare und Zeugengelder – und zwar bis zu 100 000 DM pro Versicherungsfall.

Beitragsklassen in der Pkw-Haftpflicht

Beitragssätze und Rückstufung 1991 nach Schaden aus 1990

Zahl der schadenfreien Kalenderjahre	Klasse SF/S/M	Beitragssatz in Prozent des Grundbeitrags	Rückstufung bei einem Schaden nach Klasse
15	SF 15	35	SF 9 (45)
14	SF 14	40	SF 8 (45)
13	SF 13	40	SF 6 (55)
12	SF 12	40	SF 6 (55)
11	SF 11	40	SF 5 (60)
10	SF 10	40	SF 5 (60)
9	SF 9	45	SF 5 (60)
8	SF 8	45	SF 4 (65)
7	SF 7	50	SF 4 (65)
6	SF 6	55	SF 3 (70)
5	SF 5	60	SF 3 (70)
4	SF 4	65	SF 2 (85)
3	SF 3	70	SF 2 (85)
2	SF 2	85	SF 1 (100)
1	SF 1	100	SF ½ (125)
½	SF ½	125	S (155)
Schaden	S	155	M (200)
Anfänger	O	175	O (175)
Schaden	M	200	M (200)

Quelle: GDV

Die Versicherung gibt es als Familien-Rechtsschutz, als Verkehrs-Rechtsschutz und als Rechtsschutz für Grundstückseigentum und Miete. In den Familien-Rechtsschutz der Eltern sind minderjährige Kinder und unverheiratete Volljährige während ihrer Schul- oder Berufsausbildung längstens bis zum 25. Lebensjahr mitversichert. Falls die Eltern eine kombinierte Familien- und Verkehrs-Rechtsschutzversicherung für Nichtselbständige abgeschlossen

Was ein Rechtsstreit kostet

Kosten[1] eines verlorenen Zivilprozesses: eigener Anwalt, gegnerischer Anwalt, Gerichtsgebühren

Streitwert[2] DM	1. Instanz DM	1.+2. Instanz DM	1.–3. Instanz DM
900	650	1 479	–
1 500	928	2 087	–
3 000	1 576	3 650	–
5 000	2 396	5 430	–
10 000	4 444	10 105	–
50 000	10 240	23 301	38 619
100 000	15 766	35 867	59 442
150 000	18 898	42 927	71 088
200 000	21 247	48 221	79 823
250 000	23 596	53 516	88 557

[1]Hinzu kommen Mehrwertsteuer, Nebenkosten, u. U. auch Kosten für Sachverständige und Zeugen;
[2]Geldsumme, um die es im Prozeß geht.
Quelle: GDV

haben, genießen auch minderjährige Moped- oder Mofa-Besitzer in Verkehrssachen den Schutz der elterlichen Police. Wer 18 Jahre alt und Halter eines Kraftfahrzeuges ist, der braucht einen eigenen Verkehrs-Rechtsschutz. Ein solcher kostet zwischen 90 und 120 DM im Jahr.

Hausratversicherung

Acht von zehn Haushalten in der Bundesrepublik haben eine Hausratversicherung. Die meisten schützen ihr Eigentum gegen Gefahren wie Feuer, Einbruchdiebstahl und Raub, Leitungswasser, Sturm und Glasbruch. 1984 kam es zu einer Reform der »Verbundenen Hausratversicherung«. Die alten Verträge können grundsätzlich bis zum Ende der vereinbarten Vertragslaufzeit weiterbestehen. Bei Neuabschlüssen gelten die neuen »Allgemeinen Haus-

ratversicherungsbedingungen«. Die Hausratpolice besteht aus einer Grunddeckung (Feuer, Einbruchdiebstahl und Raub, Leitungswasser und Sturm) und kann auf Versicherungsschutz bei Fahrraddiebstahl und Glasbruchschaden erweitert werden. Die Hausratversicherung ersetzt im Schadensfall jedes zerstörte oder gestohlene Stück, das noch in Gebrauch war, zum Wiederbeschaffungswert. Das ist der Betrag, den man beim Neukauf dieser Sachen bezahlen muß. Bei beschädigten Sachen werden die Reparaturkosten bezahlt. Wertsachen – wie etwa Bargeld, Sparbücher, Schmuck, Pelze, Gemälde – sind insgesamt bis zu 20 % der Versicherungssumme mitversichert.
Natürlich erwarten Sie von Ihrer Hausratversicherung, daß Ihr Verlust voll ersetzt wird. Was aber, wenn der Wert Ihres Hausrats durch Preissteigerungen und laufende Anschaffungen im Laufe der Zeit so gestiegen ist, daß er die vor Jahren vereinbarte Versicherungssumme überschreitet? Dann sind Sie unterversichert! Und wenn Sie unterversichert sind, können Sie nicht voll entschädigt werden. Es kommt darauf an, daß der Neuwert Ihres Hausrats durch die Versicherung auch immer zu 100 % abgedeckt ist. Das läßt sich ganz leicht einrichten. Besitzen Sie eine normal eingerichtete Wohnung und vereinbaren pro Quadratmeter Wohnfläche eine Versicherungssumme von mindestens 1 000 DM, verzichtet der Versicherer auf den Einwand der Unterversicherung. Dann ist jeder Schaden bis zur Höhe der Versicherungssumme voll abgedeckt. Je 1 000 DM Versicherungssumme kostet die Hausratpolice in weniger einbruchsgefährdeten Gebieten pro Jahr zwischen 1,50 und 2,00 DM und in Ballungsgebieten 2,50 bis 3,50 DM.
Fahrräder sind in der Hausratversicherung ebenso geschützt wie anderes Hab und Gut. Wenn jemand in den verschlossenen Keller einbricht und Ihr Fahrrad mitgehen läßt, erhalten Sie selbstverständlich ein neues Stahlroß. Früher war sogar der einfache Diebstahl eines auf der

Straße abgestellten Fahrrads versichert. Weil der Zweiradklau jedoch überhand nahm, müssen Sie heute den einfachen Diebstahl seit einiger Zeit extra versichern. Dafür gibt es eine Zusatzdeckung zur Hausratversicherung. Sämtliche Drahtesel einer Familie sind dann bis zu 1 % der Hausratversicherungssumme mitversichert. Beträgt sie zum Beispiel 100 000 DM, so werden die Räder bis zu 1 000 DM ersetzt. Selbstverständlich läßt sich auch ein höherer Versicherungsschutz vereinbaren.

Wohngebäudeversicherung

Die Wohngebäudeversicherung schützt Haus, Nebengebäude und Garage gegen Schäden durch Feuer, Blitzschlag, Explosion, Rohrbruch und Sturm. Hagelschäden sind nach den neuen Versicherungsbedingungen generell mitversichert, sonst nur auf Antrag. Ferner sind jetzt mitversichert: Einbauschränke, Heizungsanlagen, fest verlegte Fußbodenbeläge, sanitäre Installationen und elektrische Anlagen. In einigen Gebieten der Bundesrepublik können Sie Ihr Haus allerdings nur bei öffentlich-rechtlichen Pflicht- oder Monopolanstalten gegen die Feuer- und Sturmgefahr versichern.
Im Schadensfall ersetzt der Versicherer die Kosten für Reparaturen und Wiederaufbau. Bei völliger Zerstörung wird der ortsübliche Neubauwert erstattet. Das Einfamilienhaus kostet je nach Ausstattung pro Jahr 200 bis 500 DM Beitrag.

Praktische Tips im Umgang mit Versicherungen

In diesem letzten Kapitel des Buches möchte ich Ihnen nun noch ein paar praktische Tips aus der Erfahrung an die

Hand geben. Erwarten Sie jetzt bitte nicht, daß ich Ihnen für jeden Fall den Namen einer Versicherung, möglichst noch mit genauer Tarifbezeichnung, nenne. Das kann und darf ich nicht tun. Um mit Versicherungen richtig zu agieren und immer das Optimale für die jeweilige Situation herauszuholen, sollte man einige Fakten beherzigen:

Startpolicen und Startpakete für junge Leute

Weil das Geld in jungen Jahren äußerst knapp ist, haben fast alle Versicherungsgesellschaften für junge Leute besonders preiswerte Versicherungspakete entwickelt. Im Vordergrund stehen hierbei Unfall- und Lebensversicherungen einschließlich der Absicherung gegen Berufsunfähigkeit, Privathaftpflicht- und Hausratpolicen sowie Krankenversicherungen. Oftmals sind diese Pakete um Sparverträge ergänzt, aus denen man ein Auto oder die erste Einrichtung finanzieren kann.
Der Berufsunfähigkeitsschutz in solchen Startangeboten ist häufig bis zum 35. Lebensjahr begrenzt. Das ist besonders preiswert und schließt die Lücken der Sozialversicherung, die gerade in den ersten Berufsjahren sehr groß sind. Spätestens mit 35 sollten Sie diesen Schutz allerdings verlängern; denn auch später vermögen gesetzliche Berufs- und Erwerbsunfähigkeitsrenten Ihren Lebensstandard nicht generell zu gewährleisten. Überprüfen Sie Ihren persönlichen Versicherungsbedarf, bevor Sie ein Versicherungspaket abschließen. Denn solche Angebote passen nicht auf jeden einzelnen Fall.
Der Vorteil solcher Angebote liegt auf der Hand: niedrige Anfangsbeiträge, sofortiger Berufsunfähigkeits- oder Hinterbliebenenschutz und progressiver Aufbau einer Altersversorgung.

Wo schließt man Versicherungen ab?

Mehr als 100 Versicherungsunternehmen bieten die auf den vorangegangenen Seiten beschriebenen Versicherungen an. Natürlich gibt es Unterschiede – nicht so sehr im Versicherungsumfang, wohl aber bei den Preisen. Ich empfehle Ihnen immer, sich mehrere Angebote einzuholen und genau zu vergleichen. Wie beim Kauf von Waren, muß das billigste Angebot nicht unbedingt das beste sein. Neben dem Preis kommt es auch auf Kundenfreundlichkeit, Beratung und Service im Schadensfall an.
Vielleicht werden Sie ja schon von einem Versicherungsagenten seit mehreren Jahren betreut und dieser ist Ihnen bereits gut bekannt. Wenn dies nicht der Fall ist, so finden Sie die Adresse von Versicherungsgesellschaften und -agenten in Ihrem örtlichen Branchenfernsprechbuch. Vor dem Abschluß eines Versicherungsvertrages sind Antragsformulare auszufüllen. Fragen müssen Sie immer wahrheitsgemäß beantworten – in der Lebens- und Krankenversicherung z. B. auch diejenigen nach Ihrem Gesundheitszustand. Antworten Sie bitte peinlichst genau, und verschweigen Sie auch keine Vorerkrankungen. Das kann im Ernstfall schwerwiegende Folgen haben. Nämlich die, daß die Versicherung die Leistung verweigert, wenn es sich vielleicht um eine Folge einer früheren, nicht angegebenen Erkrankung handelt.

Wo man die beste Beratung bekommt

Über Ihre Wünsche und offenen Fragen sprechen Sie am besten mit einem Versicherungsfachmann. Er weiß nicht nur darüber Bescheid, was schon versichert ist und was nicht, sondern erklärt Ihnen auch, daß z. B. Diebstahl und Einbruchdiebstahl oder Leitungswasser- und Flurschäden zweierlei Dinge sind. Seine Sachkenntnis und Erfahrung sollten Sie nutzen. Seriöse Vertreter leben übrigens von

langfristigen Kundenbeziehungen und vom Vertrauen ihrer Kunden. Sie werden keinem Interessenten einen Vertrag aufschwatzen, den er nicht braucht. Ich weiß, es ist nicht leicht, solch seriöse Agenten zu finden, aber wenn Sie sich an eine alteingesessene Agentur einer namhaften Versicherung wenden, liegen Sie auf alle Fälle richtig.
Die Mitarbeiter im Außendienst der Versicherer spielen mit offenen Karten. Sie geben sich auch ganz ehrlich als Versicherungsvermittler, -vertreter oder -agent aus – gleichgültig, ob sie nur für einen oder für mehrere Versicherungsgesellschaften tätig sind. Sie haben es nicht nötig, sich mit falschen Etiketten zu schmücken. Vorsicht ist jedoch geboten, wenn Sie abends angerufen werden und jemand »über Geld« mit Ihnen reden will, da er von »einem Bekannten« empfohlen wurde und er Ihnen Tips geben kann, »an die man sonst nicht rankommt«. Trauen Sie solchen Bauernfängern nicht über den Weg, sprich: wimmeln Sie sie schnellstens ab! Seien Sie auch auf der Hut, wenn jemand »vom Interessenverband deutscher Lehrlinge«, »vom Arbeitsamt« kommt oder behauptet, dies wäre eine Aktion der IHK. Es gibt weder solche Fantasieverbände, noch schicken diese Institutionen Ihnen Mitarbeiter ins Haus. Vergessen Sie es einfach! Lassen Sie sich vor allem nicht zur Unterschrift drängeln. Verlangen Sie genaue Unterlagen über das Angebot, und erbitten Sie sich einige Tage Bedenkzeit. Prüfen Sie in der Zwischenzeit das Angebot, und vergleichen Sie es mit anderen von der Konkurrenz. Treffen Sie in aller Ruhe Ihre Entscheidung. Ein seriöser Versicherungsvertreter hat dafür Verständnis. Denn er ist, wie gesagt, nur an einer langfristigen Kundenbeziehung interessiert.

Kleingedrucktes rund um den Versicherungsvertrag

Die Versicherungsbedingungen – oft im Umgangsdeutsch als das »Kleingedruckte« abgetan – werden Ihnen mit dem

Versicherungsvertrag oder dem Versicherungsschein übersandt, sofern Sie nicht darauf verzichtet haben. Selbstverständlich kann jeder Interessent auch noch früher ein Exemplar derselben bekommen. Einen besonderen Lesespaß werden Ihnen diese Vertragswerke jedoch nicht bescheren, denn die Formulierungen müssen juristisch nüchtern gefaßt sein, damit die Vereinbarungen rechtlich klar und eindeutig sind. Es gibt aber auch »Übersetzungen«, die in Form von Merkblättern bei den Versicherungsverbänden (siehe Anhang) erhältlich sind. Gelegentlich können Sie diese auch von Ihrem Versicherungsvertreter bekommen.
Neben der Beschreibung des Versicherungsumfanges sind einige Dinge besonders wichtig. Auf die wahrheitsgemäße Beantwortung von Antragsfragen wurde bereits hingewiesen. Was im Schadensfall zu tun ist, sage ich Ihnen noch. Verträge haben immer eine bestimmte Dauer, auch Laufzeit genannt. Bei Autoversicherern beträgt sie ein Jahr und verlängert sich jeweils um ein weiteres Jahr, sofern Sie nicht kündigen. Für andere Versicherungsarten gibt es auch Verträge mit 10jähriger Dauer; in der Rechtsschutzversicherung sind 5jährige Laufzeiten üblich. Der Vorteil: Der Versicherer kann während dieser Zeit nicht kündigen, und der Jahresbeitrag ist oft preiswerter als bei Einjahresverträgen. Auf Wunsch können Sie meist auch einen einjährigen Vertrag abschließen. Lebensversicherungen sollten Sie, sofern ein Sparvorgang enthalten ist, auf mindestens 12 Jahre abschließen, weil nur solche Verträge steuerlich begünstigt sind.
Sind Vertragspartner auf Dauer aneinander gebunden, spielt das Thema Kündigung eine Rolle. Die Regel lautet: Versicherungsverträge sind mit einer Frist von drei Monaten zum jeweiligen Ablauftermin kündbar. In der Lebensversicherung und der privaten Krankenversicherung verzichten die Versicherungsgesellschaften ihrerseits jedoch auf dieses Kündigungsrecht. Bei den letzten beiden Versicherungsarten sollten Sie auch auf alle Fälle von einer

Kündigung absehen. Vorzeitig beendete Lebensversicherungen etwa kosten den Versicherten nämlich Geld. Das auszahlungsfähige Guthaben ist vielfach noch gering; und wer vor Ablauf der ersten 12 Jahre kündigt, verliert alle Steuervorteile. Überdies hinaus ist eine neue Versicherung – das gilt auch für die Krankenversicherung – wegen des höheren Eintrittsalters wesentlich teurer. Schließlich können aufgrund von zwischenzeitlich eingetretenen Gesundheitsschäden erhebliche Zuschläge erforderlich sein, oder aber eine neue Versicherung muß gänzlich versagt werden.

Versicherungen und der liebe Fiskus

Beiträge zur Sozialversicherung sowie die Beiträge für private Lebens-, Kranken-, Unfall- und Haftpflichtversicherungen können Sie als Sonderausgaben – genauer als Vorsorgeaufwendungen – von Ihrem zu versteuernden Einkommen abziehen. Das hilft Steuern sparen. Entschädigungsleistungen aus einer privaten Versicherung – etwa für die ausgebrannte Wohnung oder für den Totalschaden am Auto, aber auch die Auszahlungen der Unfallversicherungen – sind steuerfrei. Das gleiche gilt für das Krankengeld vom Krankenversicherer. Auch Todesfallsummen aus Lebensversicherungen sind einkommensteuerfrei. Bei einer kapitalbildenden Lebensversicherung machen es die Finanzämter etwas komplizierter. Grundsätzlich sind Zinsen und Überschüsse steuerfrei, wenn der Vertrag eine Laufzeit von mindestens 12 Jahren hat und die Police vorher nicht gekündigt wird. Auf Rentenzahlungen – ganz gleich ob privat oder gesetzlich – sind Steuern fällig. Besteuert wird der sog. Ertragsanteil, der vom Alter bei Rentenbeginn und von der Rentenart abhängig ist. Einzige Ausnahme: Renten der gesetzlichen Unfallversicherung bleiben grundsätzlich steuerfrei.

Schäden wenn möglich vermeiden

Jeder einzelne kann dazu beitragen, daß Schäden erst gar nicht entstehen oder die Folgen gering bleiben. Ein einfacher Erfahrungssatz der Versicherungsexperten lautet: Verhalten Sie sich am besten so, als wären Sie gar nicht versichert. Denn allzuoft hört man das Argument, das bezahle ja doch die Versicherung, da brauche man nicht aufzupassen. Doch abgesehen davon, daß ein solch unkollegiales Verhalten die Beiträge für alle verteuert, haben Unfall oder Feuer Folgen, die man gar nicht versichern kann. Der Verlust der Lebensfreude etwa, der Verlust von unersetzlichen Erinnerungsstücken oder ganz einfach rundum Ärger.

Umsicht und Vorsicht zahlen sich deshalb für die Versicherten immer aus. So verhindern Sie, daß die achtlos weggeworfene Zigarette einen Brand verursacht, daß Ihre mangelhaft verschlossene Wohnung ausgeraubt wird, daß Sie wegen Mängeln am eigenen Fahrzeug bei einem Verkehrsunfall verletzt werden usw. Ratschläge zur Schadensverhütung geben viele Versicherungsgesellschaften, die Polizei, die Feuerwehr oder die Automobilclubs.

Was tun im Schadensfall?

Jede Sekunde passiert hierzulande etwas, das die Hilfe der Versicherungen auf den Plan ruft. Haben Sie einen Versicherungsfall zu beklagen, erhalten Sie rasch und zufriedenstellend den vereinbarten Ersatz, wenn Sie bestimmte Spielregeln einhalten.

Bei einem Verkehrsunfall z. B. sollten Sie die polizeilichen Kennzeichen, Name und Anschrift der beteiligten Fahrer, Ort und Zeit des Unfalls sowie Zeugen notieren. Auch Fotos von der Unfallstelle können sehr nützlich sein. Ein gemeinsamer Unfallbericht, der lediglich die Fakten festhält, aber nicht zur Schuldfrage Stellung nimmt, schafft Klarheit. Im Zweifel übernimmt diese Aufgaben auch die Polizei; doppelt genäht hält jedoch besser. Schäden durch Feuer, Einbruch, Diebstahl, Vandalismus oder Raub müssen Sie unbedingt der Polizei melden. Nach einem Einbruch sollten Sie möglichst nichts anrühren oder verändern, bis die Polizei eintrifft. Der zuständigen Polizeidienststelle müssen Sie eine Liste aller zerstörten und verschwundenen Sachen vorlegen. Um die Schadenshöhe nachweisen zu können, sollten Sie – zumindest bei größeren und teuren Anschaffungen – die Rechnungen aufbewahren.

Zügig kann die Versicherung einen Schaden nur abwickeln, wenn sie unverzüglich davon erfährt und die erforderlichen Unterlagen erhält. Außerdem benötigt der Versicherer immer die Nummer des Versicherungsscheins. Grundsätzlich gilt: Den Versicherer so früh wie möglich über einen Schaden informieren. Dafür gibt es sogar Fristen: in der Auto- und Privathaftpflichtversicherung eine Woche, in der Reisegepäckversicherung spätestens sofort nach Rückkehr von der Reise. Todesfälle sind dem privaten Unfallversicherer binnen 48 Stunden zu melden – notfalls telegraphisch. Eine Krankenhausbehandlung müssen Sie innerhalb von 10 Tagen nach Beginn melden. In der Autoversicherung nehmen auch die 13 Zentralrufstellen eine Schadensmeldung entgegen; die zuständige Versicherung wird von dort benachrichtigt. Unterlagen – z. B. Arztbelege, Bescheinigungen der Polizei und Rechnungen – sollte der Versicherer möglichst im Original erhalten. Den Fragebogen des Versicherers, den Sie nach einer formlosen Schadensanzeige erhalten, müssen Sie vollständig und vor allem wahrheitsgemäß ausfüllen. Legen Sie gegebenenfalls Unfallskizzen, Polizeiprotokolle und bei Todesfällen die ärztliche Bescheinigung dazu. Gibt der Versicherer Anweisungen, wie Sie mit beschädigten Sachen zu verfahren haben oder ob Rechtsmittel einzulegen sind, so müssen Sie dies als Versicherter befolgen. Ansonsten riskieren Sie Ihren Versicherungsschutz.

Zentralruf der Autoversicherer	
● Aachen	(02 41) 192 13
● Berlin (West)	(0 30) 192 13
● Dortmund	(02 31) 192 13
● Essen	(02 01) 192 13
● Frankfurt a. M.	(0 69) 192 13
● Hamburg	(0 40) 192 13
● Hannover	(05 11) 192 13
● Köln	(02 21) 192 13
● Mannheim	(06 21) 192 13
● München	(0 89) 192 13
● Nürnberg	(09 11) 192 13
● Saarbrücken	(06 81) 192 13

Wenn Sie nicht ganz klarkommen

Versicherungen helfen kleine und große Katastrophen des Alltags zu überstehen, sind aber eine abstrakte und unsichtbare Ware. Deshalb ist es natürlich, wenn sich die eine oder andere Frage aufdrängt. Sicherlich gibt es auch einmal Unstimmigkeiten nach einem Schadensfall, weil es kaum vorstellbar ist, daß bei der großen Zahl von Versicherungsverträgen und Schäden jeder Einzelfall ohne Unzufriedenheit oder Streit abgeht. Sollten Sie mit Ihrer Versicherung oder deren Außendienst nicht klarkommen, so können Sie sich auch an den Gesamtverband der Deutschen Versicherungswirtschaft wenden. Die Adresse finden Sie im Anhang dieses Buches.

Danksagung

Mein ganz besonderer Dank gilt den nachstehend aufgeführten Personen und Institutionen, die mich in sehr großzügiger Weise mit Sachinformationen und Graphiken unterstützt haben. Ein Großteil dieses Buches wäre ohne diese Unterstützung nicht möglich gewesen.

Alexander Natter

Bezirksdirektor Manfred Nelkel, Inter Versicherungsgruppe, Bezirksdirektion Nürnberg
Gesamtverband der Deutschen Versicherungswirtschaft e. V. (GDV), Ebertplatz 1, 5000 Köln 1
Bundesverband Deutscher Investmentgesellschaften e. V. (BVI), Eschenheimer Anlage 28, 6000 Frankfurt/a. M. 1

Ring Deutscher Makler (RDM)

Sachregister